INTERNATIONAL
国际学校的利与弊

卢春霞 著

辽宁人民出版社

图书在版编目（CIP）数据

国际学校的利与弊 / 卢春霞著 . —沈阳：辽宁人民出版社，2022.1
ISBN 978-7-205-10302-6

Ⅰ.①国… Ⅱ.①卢… Ⅲ.①国际教育—研究 Ⅳ.
① G51

中国版本图书馆 CIP 数据核字（2021）第 210533 号

出版发行：辽宁人民出版社
　　　　　地址：沈阳市和平区十一纬路 25 号　邮编：110003
　　　　　电话：024-23284321（邮　购）　024-23284324（发行部）
　　　　　传真：024-23284191（发行部）　024-23284304（办公室）
　　　　　http：//www.lnpph.com.cn
印　　刷：辽宁新华印务有限公司
幅面尺寸：145mm×210mm
印　　张：6.125
字　　数：130 千字
出版时间：2022 年 1 月第 1 版
印刷时间：2022 年 1 月第 1 次印刷
责任编辑：赵维宁
助理编辑：段　琼
装帧设计：一诺设计
责任校对：郑　佳
书　　号：ISBN 978-7-205-10302-6

定　　价：48.00 元

目　录

什么时候读国际学校最合适

什么时候读国际学校最合适，或者说，性价比最高？

没考上理想高中的时候，国际学校可以作为一个不错的备选方案。

中国的中考是很残酷的，即使经济发达如北京、上海，普高升学率也就 55% 左右（略高于全国平均水平，全国平均高中入学率大概 53%）。"只有一半人能升入高中"是全国的普遍现象。这些学生当中不到一半的人去了省重点高中或市重点高中，不得不说，重点高中去重点大学的多些，去普通大学的比例相对较低。

中国的孩子在中考时就被分流了。教育部新出台的政策，更是要将普高与职高的比例对半分，希望达到 1：1，首当其冲的政策就是中考不允许复读。目的之一是为社会各行各业输送人才，暂且不评论此政策，因为任何一个政策都是有利有弊的。

如果这个时候家长让孩子读一个国内的国际高中，作为一个补救措施，三年后再考个在美国排名 50 到 100 之间的大学是个大概率的事。不要小看这些大学，在全球看来，都是些不错的大学，大部分整体实力和排名不比我国的"985"高校差，毕竟全球的名牌大学大部分在美国。至于是公立重点高中附属的国际高中，还是纯粹的国外办学的国际高中，差别不是太大。

之所以说国际学校是个备选，就是建议不要盲目去读，毕竟学费不菲，谁的钱都不是天上飘下来的。如果普通高中也没考取，家长要跟孩子好好合计合计。如果孩子对学习真的一点兴趣都没有，那就干脆早点学一样技术，人尽其才。国家现在也打通了职业学校进入大学的渠道，高技能蓝领工人也是国家紧缺人才，比如数控机床工人、高级焊工，LNG 船（液化天然气船）上的焊接工人完全可以媲美 IT 工程师。而不少行政大厨在电视上的风头堪比明星。

没有最好的教育，只有最适合孩子的教育。

如果这时家长想送孩子去读国际学校，一定要清楚，那些国际学校大部分没有我们传统的公立学校抓得紧，最明显的，他们刷的题、做的卷子少得可不是一星半点。他们也很忙，他们的活动很多，项目很多，课堂气氛活跃，他们的排名不是唯分数论，因为国外大学的申请也不是唯分数论。他们在学校里的状况跟当年的我们有很大不同，当然跟外教的沟通也容易出现一些问题，毕竟语言障碍摆在那里。

家长也要想清楚，一般来说，除了英文、美国政治、美国历史、英国政治、英国历史这种偏语言的文科课，数理化这种理科课主要是国内教师教学，由于语言的关系，主讲老师很难像中文老师一样典故、比喻、幽默信手拈来，学生对基本概念的理解反而不如母语那么透彻。比如，元素周期表、化学键、化学价，化学老师大多会用中文编成诗歌的形式，朗朗上口，容易记忆，就像圆周率一样，英文就很难。就像乘法口诀一样，英文没法背，音节限制在那里。所以文化课该抓的还是要抓，抓得要更紧。

考过托福、雅思的都知道，听力、口语考的都是大学课堂上的内容。比如听力考试要求你能理解一个教授对火山成因的解释，口语考试要求你回答臭氧层破坏对地球大气的影响。会英文日常口语，能买菜吃饭，那不叫英文好。所以，即使孩子到了美国、英国、澳大利亚，沉浸在全英文环境里，你孩子的英文自然而然就好了？就像我们的语文好，意味着你的中文阅读理解、中文写作水平一流，边刷牙边听广播，能代表你语文好吗？文化课上的语言需要一定的深度理解。

有些中国留学生，一直在国外花钱请人做作业、花钱请人考试，托福、SAT 也可以花钱请人替考，甚至利用时差买答案。

孩子突然上进了，突然爱读书了，这种脱胎换骨、触及灵魂的转变不是简单换所学校、换个环境就能解决的。

我就碰到过一个在当地还算富有的朋友，他儿子读书一塌糊涂，普通高中也没考上，初中毕业后通过中介到美国一个私立高中去读书了。三年一过，这个孩子居然跟他父母说，他已经在美国边读书，边跟人合伙开中餐厅了，而且马上要开第三家了。父母到处跟人说，自己的孩子是多么懂事，但他们居然从来没有去美国考察过，从来没有实地了解过自己孩子的真实情况。

这样的例子实在是太多了，所以我一直是坚决反对把低龄孩子单独送到国外去留学的，尤其是那些并不是真正了解美国学校的、只是道听途说的。

第一，我们来分析一下美国的大学。

微软的比尔·盖茨曾提出一个很有意思的观点，他认为美国唯一的优势是通过开放的教育吸引了全球的优秀人才，转化为创新的优势。他指的就是优秀的美国大学，更厉害的是经常有一个名不见经传的小学校却隐藏着某个顶尖的学科、一些藏龙卧虎的大牛教授，你走过路过都没注意到。

美国排名前50的大学可以说都是享誉全球的名牌大学，其中约一半是私立大学，大多排名在前20，比如常青藤联盟、斯坦福大学、加州理工学院、卡内基梅隆大学。这些私立大学的招生量都不大，大多在2000人左右，公立大学招生规模都在6000人以上，这样就有20万人左右。50到100名的以公立学校为主，80%以上为公立，这样有40万人左右。100到150名的公立大学就更多了，估计90%，这样又有了50万人。

这样，叫得出名字的大学每年招收的学生在100万人到120万人之间，这些大学都很好。

150名以后的大学不建议大家考虑，首先就是我们大多不了解。美国的社区大学就是个坑，有点像国内的成人教学或者夜校，没有固定教师，更不要说宿舍，不少学生都是半工半读的上班族。虽说也能从社区大学转学到正规大学去，但比例不高，毕竟学习氛围摆在那里。

美国每年有多少人参加高考呢？2018年美国的新生儿数量为379万人，美国虽然是高中普及，实际上全美高中生毕业率最多80%，也就是每年最多有300万人有资格申请大学。

美国的学生三分之一都能去很好的大学，只有顶尖的几所学校才需要挤独木桥。

中国的学生只有不到5%的比例能去985高校，山东、河南的考生要千里挑一才能挤进去。所以我们的学生苦啊，所以我们的大学任重而道远。

第二，我们来看一下国际学校的教学，主要是高中阶段的。

到了这个阶段，无论哪一种形式的国际学校，中文完全弱化了，中文的语文课变成选修课了（前面的九年中，国际学校的中文课是强制必修的，除了那种有外国国籍要求的国际学校）。课程安排对标美国高考或者英国高考，英文部分不少就是本着托福/雅思/SAT考试模式进行教学的。实际上是另一种形式的应试，只是因为学生数量少，没有引起大家注意罢了。

国际学校的英文课几乎不会像美国高中一样是读一本本原著，根据原著来教学的。比如，那些国际学校几乎不会教授莎士比亚的《哈姆雷特》。要知道，美国高中《哈姆雷特》原著要学习至少一个月的，也就是一个多月的英文课一直在读《哈姆雷特》、排《哈姆雷特》、辩《哈姆雷特》。

大家经常从各种媒体上听到的美国中小学巨大的阅读量，普遍是中国学生的几倍。其实国内语文教学也在改革，改革重点之一就是加大学生阅读量，推出了从小学一年级到高中的阅读书单，最后必将反映在高考试卷上。

但有谁关心国际学校学生的阅读量呢？

有多少国际学校学生英文原著阅读量在每年 10 本以上的？

《The Great Gatesby》《To Kill a Mockingbird》《Divergent》《Hamlet》《Animal Farm》《Paper Towns》《Of Mice and Men》《1984》《A Raisin in the Sun》《Night》等名著，这些美国高中生必读书目，有多少中国国际学校的学生读过？

英文原著读着太累，读的肯定有限，最多读个简写本。中文因为不考试、不要求，体制内学校要求的中文阅读书单也没读。这样，国际学校的学生两头不讨好，反而在人文积累上落后了一大截。

数理化如果按照美国教材来学，不修其相应的 AP 课程的话，很容易得 A，因为大多就是我们初中的内容。生物有点难度，动物、植物、细胞、基因、遗传、人体生理等等，词汇多、内容广，美国高中普遍更重视生物，在美国高中生物是必修，必须参加州考，必须合格，否则一直要重修到你毕业。物理倒是选修。

历史、政治等，要看你是不是打算考 AP 历史或者 AP 政治，不仅词汇多、内容广，关键是你得顺应美国人的政治观点，采纳他们的价值观，毕竟是他们在出卷，标准答案也是他们制定的。

美国或者英国高中的这些课程最大的特点是广度大、难度一般，对国内学生来说，最大的挑战就是词汇，专业术语多，很多不是生活用语，不是我们日常用到的词汇，难读难记，比如世界争议之地耶路撒冷，Jerusalem，你读读看？背背看？

这样，3年或者4年的高中，你始终的重点都是在英语上，比如国际学校里很热门的模联大赛就是对英语的一个综合训练。

如果你最后SAT能拿到1200分（满分1600分，数学和英文各800分），你大概率可以去个美国50到100之间的大学。中国学生的数学大多在750分以上，因为SAT的数学，大部分就是国内初中的内容，难度低于我国的中考。比如代数部分的核心主要是线性方程、线性函数、不等式、绝对值、方程组、不等式组等，都是选择题，都是初中内容，可以通过短时间训练而突击提分。

这样英文部分只要考500分就可以了。难度在于SAT词汇量大，词汇量在1万以上，至少30%不是常用词汇，一般的短文阅读中很少碰到，必须下苦功夫背。其中的主要问题就是因为英文不是我们的母语，即使其他国家学校的学生也很难做到阅读足够多的英文原版小说、科普、杂志等。比如英国作家狄更斯的小说在美国高中就是必读书目，相比美国作家海明威的作品的简明畅快来说，狄更斯的英文用词要晦涩难懂得多，但

SAT 的词汇往往来自于狄更斯这样的书中，比如《双城记》《远大前程》。

至于申请文书中很重要的活动，无论是学校组织的，还是学生自己单独行动的，要做出让人眼睛一亮的特色很难，但每人或多或少都能填满一张纸，毕竟大家大多是从高一就开始有目的地准备了。

所以，当听到某个同学去了伊利诺伊大学香槟分校、威斯康星大学麦迪逊分校、马里兰大学、佛罗里达大学等这种名校时，不用羡慕，他们如果参加国内高考，不一定考得过你，数理化基础远没有你扎实。

第三，最好参加国内的中考，无论是去国外读高中，还是读国内国际学校。

有句流行语，没有参加过中国高考的，都不叫中国人。高考很残酷，高三很残忍，但这就是中国国情。

如果高考没机会参加，至少让孩子参加中考，让他体会中考的艰难和残酷，这样他才会知道自己有多幸运。一些学生中考失败后只能去打工挣钱，只能去闯社会，但他居然还能去国际学校读书，还有机会重新来过。

很多人都在批评中国的高三，刷题刷成了机器，没有学一点新知识。对，也不对。没学新知识是不假，确实整整一年都是在复习。但是，如果没有这一年的复习，高一高二的知识还能记得多少？我们前面 11 年的学习就是在这一年中巩固加强的。

同样的，初三第二学期也是复习，不学新知识，我们初中三年的知识也是在这半年中巩固加强的。

中考学生分流，近 50% 要去职业学校。这反过来说明，我们的九年制义务教育已经完成了基本的学术知识，比如对于普通大众来说，初中的物理就基本包含了力学、电磁学、光学等经典物理知识，高中物理，还是这些内容，只是进一步的深化。我们初中的知识系统而全面，再加上我国基础教育的扎实，以及初三半年的强化训练，加强了学生对这些文化课的掌握。

所以，即使孩子要去国际高中或者外国读书，也要让他参加中考，这半年的高强度学习也将为他高中文化课的学习锦上添花。

第四，如果孩子完整地从中国初中毕业，也就是完成了中国的九年义务制教育，绝对利大于弊，好处多多。中国的九年义务制教育是强制的、必须的，肯定有其合理性，基本覆盖了我们一生的基础知识，千万不要辜负了中国教育专家的良苦用心。如果中考后去读技校或者职校，不少是以实操为主、理论为辅，因为这些基本理论知识在前面九年已经学完了。

而且，中国初中的数理化水平不少已经覆盖了美国高中除了 AP 外的文化课内容。这就是很多家长突然觉得自己的孩子在美国高中读书很好，数理化全 A，以为自己的孩子懂事了、上进了，从而喜上眉梢。

那些家长是没有仔细看过美国高中的教材，就说一个简单的化学方程式配平吧。不夸张地说，这个配平在美国高中至少要学习两周以上，公立学校的学生化学课结业后至少 50% 搞不定这个配平。但是，中考过的国内学生，有几个不会的？不就是求最小公倍数吗？我们的小学阶段就烂熟于心了。

国内初中数学只要及格，都可以申请美国高中普通代数免修。

更重要的是，如果去看看托福和 SAT 的阅读理解，不就是我们从小就一直在练习、考试的语文试卷吗？大家一直在推崇的美国阅读中的批判性阅读（Critical reading），也就是老师让孩子读完文章后，会引导他们去思考并解答这些问题：

What issue did this article address？（这篇文章或这本书说了什么？）

What goal did the author have when writing this article？Did the author meet this goal？ Explain your thinking.（作者写这篇文章或这本书的目的是什么？他达到目的了吗？你怎么看？为什么？）

What points of view did the author present in this article？ How are these points of view biased？（作者的基本观点是什么？你觉得他的观点有偏颇吗，在哪里？）

What evidence supports the information provided in this article？ What assumptions did the author make in this article？（作者用了什么事例来证明他的观点？他的论证充分吗？他的假设靠谱吗？）

What inferences does the author make in this article？

What inference can you make from this evidence in this article？（作者的推断是什么？基于作者给的论据，你会得出什么样的推断？）

What significance does this piece have for you？ Why？（这篇文章或这本书对你来说，有什么意义？）

这样的阅读训练，确实很好地培养孩子发现问题、分析问题的能力，这不就是国内语文从小学就开始训练的吗？

中国的语文教育从小学开始就一直在学习怎么总结全文的中心思想、段落大意以及对某个句子、某个词语的理解。很多人在批评我们的教育是应试教育，比如不读原著，读摘录，读简写本，反复研磨一篇文章。认为文学是种个人体验，怎么能有标准答案？一千个人读《哈姆雷特》，每个人心中都有一个自己的哈姆雷特。甚至把国人不善批判性思维，更不敢把自己的想法暴露在光天化日之下任人评说，都归结于语文教育。其实，文学分析需要使用某种方法引导学生深入研究一篇作品，总结中心思想和段落大意不失为一种效率最高、通俗易懂的有效方式。

如果大家有机会去看看美国高考的SAT卷子，每一篇长文的题目中都包含中心思想和段落大意，都是客观题，也就是只能有一个答案。这难道不是一样强调标准答案？怎么没见美国人抨击这种考题？

也许我们的孩子阅读量不像国外孩子那么大、那么广，但是，我们的语文教育的方法倒是完全切合美国的SAT思路。认真去看看SAT的题目，那就是我们的语文试卷，只是变成了英文，只是量比较大。而美国的英文教育不是一直在提倡大量阅读吗？他们没有固定教材，教材就是一本一本的原著，形式倒是丰富，又是读又是演又是画，300页的书怎么抓中心思想、怎么抓段落大意？美国学生反而缺乏这种应试训练。

中国的初等教育一直是非常扎实的，难度也比较大，也确实存在一定程度的作业量过大的问题，但反过来的好处就是，如果你想让孩子在高中转读国际学校，出国读大学的话，前面九年扎实的基本功可就帮上大忙了，尤其是我们的数理化可以轻松应对美国课程，我们传统的语文学习方法也是训练SAT的利器。

第五，正如前面所述，通过中考，大约45%的学生分流去了职业高中。

很多人拿德国的职业教育来对比。德国的小学只读4年，小学毕业后，10岁的孩子就必须为自己的人生做第一次选择：是读为上大学做准备的中学，还是读为职业教育做准备的中学。但是很重要的一点，在德国，对于那些没有继续接受高等教育的人来说，职业资格证书提供了一条更可靠的就业途径。"在25—34岁接受过高中教育或中学以上教育的年轻人（主要是职业教育毕业生）中，就业率几乎与受过高等教育的人一样高(83%与87%)"。虽然"受过高等教育的成年人在劳动力市场中获得收入上的绝对优势。拥有短期高等教育资格（如经过短期培训的熟练技工）的德国成年人比仅受过高中教育的人收入多51%。与此同时，拥有学士或同等学位的人相较仅受过高中教育的人收入多65%"（《全球教育纵览2018：径合组织指标：德国篇》）。但是德国公平优良的分配体系，比如住房制度、免费医疗、免费读书（从小学到大学都免费）等等，即使是技校毕业生，生活也不差。

更重要的是，因为德国是从 10 岁就开始分流，那时的孩子根本什么都不懂，所以，进入职业通道的学生有相当比例是不错的，甚至是"误入"职校。在德国做个工人、做个农民，也是挺自豪的，要求也是很高的，世界上最精良的德国机器就是那些技术工人做出来的。

但是，在中国，职校就不是那么回事了。我们是应试制，完全是通过分数来划分你的去处的，就是中考成绩后面 40%—50% 的那部分学生去的职校。现在的中国社会对于蓝领工人和农民，并没有做到一视同仁，农保与城镇医疗保险的区别还是很大的。

第六，那种把孩子从小学，甚至幼儿园开始就放到国际学校去的父母，也许是种"省心的做法"，因为再也不用担心摇号、不用担心小升初、不用担心中考、高考。

国际学校都是直升机式的升学，从小学到初中到高中，一路高升，再也没有淘汰。

很少听到国际学校的家长陪读到鸡飞狗跳、血压升高的；很少听到国际学校的学生需要上数理化补习班的；很少听到国际学校的学生需要担心升学的；很少听到国际学校的学生需要每天刷几套卷子的……

当然，最大的毛病就是贵，学费贵，教材贵，活动贵。一样也要到外面去补习，托福、雅思突击班里，国际学校的学生比比皆是。

不少国际学校都是寄宿制，全封闭的管理，没有区考、市考这种统考，家长根本触摸不到孩子在学校的真实情况。一位在国际学校任职的老师曾说："学校像银行，老师就像是银行的大客户经理，家长就是客户。"学校要保证收益，老师就要尽全力留下"客户"。学校的重点在于收费，于是绝口不提孩子负面的消息，让你感觉孩子一切都好，孩子也确实比体制内学校的阳光得多，没有排名，没有刷题，开心啊。

从小学开始就在国际学校读书的孩子，当然数学不会像美国学校那样差，因为中国父母绝对不会答应：小学毕业还不会分数？肯定要高出美国普通公立学校一大截。但是，肯定要比国内学校的孩子差一大截：心算，美国完全不要求，美国成年人也不会；乘法口诀，到底是按照中文背，还是英文背？应用题，最好去看看SAT数学部分，不少就是中国小学数学应用题。奥数，想也不用想，绝对跟你这辈子无缘。平面几何和立体几何中的辅助线，你都没有听过。

所以，我们可以看到，国际学校出来的学生去美国很少有读工科的，尤其是工科中的电子工程（简称EE）专业。

但是，"国际化"不代表要"去中国化"，恰恰相反，孩子更需要深入了解中国与中国文化，自始至终要记住，中文才是我们的母语，只有学好中文，这样才能更好地学习其他的文化和语言。中国不仅是世界的重要组成部分，也是中国孩子探索世界的起点，所以千万不能本末倒置，忽略了孩子对中国文化和语言的学习。

国际学校到底好不好？解放个性、素质教育、国际视野、多元化发展……吹到天上去也没用，用一个最简单的办法来检验：去看看这个国际学校里有没有教师子弟！

如果真那么好，他们能不想方设法让自己的孩子入学吗？他们就不望子成龙、望女成凤吗？何况因员工福利，很多教师子弟的学费还可以减免。

这点就跟我的另一本书《选专业 读大学》里谈专业选择一个道理，一个专业即使是全国排名第一，但如果没有该大学自己的教师子弟在里面，就一定要多个心眼想一想，不要轻易被忽悠。千万不要被兴趣、志向什么的迷惑，高中毕业的孩子90%以上没有明确的专业偏好，即使在欧美国家也不到30%。

所以，我个人明确反对入读那种小学到高中一贯制的国际学校，尤其还是中国国籍的孩子。长期在国际学校长大的孩子容易"价值夹生""文化夹生""朋友夹生""亲情夹生"。何况绝大部分就读国际学校的家庭只是普通家庭，普通的工薪家庭，昂贵的学费、杂费也是要咬着牙挤一挤的。

读国际学校的学生主要出路就是去国外读大学，如果想在国外继续生活，也是障碍重重。英文很好，却没有英语是母语的同学好；想融入美国的主流社会，难上加难，因为中国已经被定义为美国的战略敌人；要回到自己成长的祖国的时候，又难接地气，到处看不惯。

作为家长一定要清楚，英文只能定义为工具，不能是思想的主体。学习英文可以培养孩子西方式的思维，但文化的根基必须是中国的，否则你只能用西方的思维方式想明白西方的问题，但是没办法用西方的思维想明白中国的问题。

如果你的孩子长期在国际学校的话，你很可能越来越不懂你的孩子，你的孩子也越来越不懂中国。

国际学校、双语学校、贵族学校，不仅多元化了我们的教育模式，也给中考失利的孩子增加了一个不错的选择。有人说是金子在哪里都会发光，但不是每个人都是金子，大部分人更可能是块铁，需要慢慢淬炼才能变成钢，而我们的教育制度在中考时就把孩子分流了，所以，如果经济实力允许，不妨再给孩子一个慢慢成长的机会。虽然我个人还是坚持，中国的孩子还是要上中国的学校，国外的鲜花在中国的土壤培育出来的，未必鲜艳。

中国国际化中小学数量已达上千所，包括民办化国际化学校和公立学校国际班，专招外籍学生的不算。除了那些国外私立名校在国内开设的分校，比如北京哈罗英国学校、北京德威英国国际学校，几乎每个市重点高中或者省重点高中都有附属的国际学校，比如清华附中国际部、人大附中国际部，国际学校的需求很大。

国内优质教育资源的稀缺以及过于激烈的竞争，导致追求更好教育的中、高产家庭希望通过国际学校把孩子送去海外名校求学，让孩子能够走到时代的前端。

最后套用一句网上流行的话："为人父母，应当和孩子一起搭建一种基础，帮他们寻找自己喜欢的事情，支持他们倾尽热情，燃烧生命，这才是好的教育，而这样的教育几乎只能靠家庭提供。"

公立学校和国际学校之师资对比

在华为总部的接待大厅里，有一个宣传片，解说词是，"只有长期重视基础研究，才有工业的强大。只有长期重视基础教育，才有产业振兴的人才土壤。让教师成为最伟大的职业，成为青年的向往"。华为总裁任正非先生说："我们认为一个国家首先要重视教育，重视基础教育，特别是农村的基础教育。国外有人说过，一个国家的强盛是在小学教师的教室上完成的，同时也讲到教育是最廉价的国防。"

马云辞掉阿里巴巴总裁职务后，转身创办了私立的云谷小学，全面覆盖初等教育，从小学到高中，自称"马老师"，他认为未来"比拼的是智慧，竞争的是教育"。

习近平总书记在 2018 年的报告中提出："要让中小学教师的待遇不能低于公务员。"这是对全体教师最大的肯定，相信在不远的将来，教师工资和福利将大幅度提高，形成人人争当教师的局面。

但，这个"中小学教师"统指的肯定是国内公立学校的中小学教师，国际学校的教师工资和待遇肯定不在考虑之列。

在即将开展的全国事业单位分类改革中，中小学被归为公益一类，待遇向公务员靠拢。中小学使用的教育专项编制，有别于其他事业单位统一使用的事业编制。虽然都属于事业编制，但机构编制部门是分开统计的，教育专项编制的保障力度更强，今后中小学校教师的工资待遇，将由省财政直接保障，以避免地方财政状况困难的地区对中小学教师工资的不利影响。

但，国际学校肯定不是事业编制，更甭说向公务员靠拢了，国际学校既然是企业，不得不考虑盈利的事，亏损就得关门，毕竟地方财政不会给它补贴。

不久的将来，中国教师的收入和地位将大幅度地提高，"再穷也不能穷老师"，会有越来越多优秀的人才愿意去当老师，越来越多优秀的人才去师范大学，这样就可以实现用最优秀的人去培养更优秀的学生。

深圳龙华区 2019 年公立中小学教师 30 万元年薪招聘，3.5 万人竞争 400 个教师岗位，要知道深圳白领的平均月薪也就刚刚 1 万。从录取者的院校分布来看，北京师范大学 54 人、北京大学 48 人、清华大学 28 人、东北师范大学 27 人、华中师范大学 24 人、武汉大学 22 人、华东师范大学 21 人、中山大学 16 人、中国人民大学 15 人、厦门大学 15 人、香港中文大学 15 人、华南师范大学 15 人，全部来自于国内一流大学。深圳中学 2019 年招聘的 28 名应届大学毕业生中，来自清华、北大的毕业生也达 15 人。

更不用说北京的几大名校（北京四中、清华附中等）中不少数学老师、物理老师早就是毕业于清华大学和北京大学的博士。

在江苏电视台举办的"最强大脑"中，有个选手的自我介绍特别吸引我。那是个男生，本科和硕士就读于清华大学，毕业后做了小学数学老师，他在舞台上回答为什么选择做小学教师时说："树苗之所以会成为参天大树，是因为从小就有沃土和阳光雨露的滋养，我希望优质的数学资源，能够帮助到更多的孩子。"我的一个学生，上海交通大学交通工程专业本科，中国人民大学的统计学硕士，他的理想也是回成都当一名中学老师，希望能用统计学中的大数据方式打通数理化三门课程，进行理科教学上的改革。

在社会风气如此浮躁的今天，这些年轻人无疑是一股清流。我想，以后会有越来越多的最优秀的清华、北大等985高校毕业生，会去从事初等教育，甚至是最基础的小学教学。

深圳此举也是近年来全国教师待遇提高的一个缩影，教师也因此在全国各地成为大学毕业生优先选择的工作之一。这从报考教师资格证人数的巨幅增长可以看出：2017年有310万人报考，2018年是647万人，2019年报考人数是890万人，而2020年报考人数破千万人。不少地区的教师编制考试，报名和录取比例，已与公务员考试不相上下。数据也显示，2018年中国教育行业人均年收入达9.2383万元，中国教师工资已由20世纪80年代之前在国民经济各行业排行倒数后三位，上升到目前全国 19 大行业排名第 7 位。

中国将来和美国竞争，想要胜出，教育是很重要的抓手，任正非讲"教育是最廉价的国防"。提高教育最主要还是要重视教师，因为教师得到尊重、收入提高以后，大家都想做教师，最后选拔出优秀的人做教师，才能培育出国家的栋梁之材。

提高全民族文化素质是国家的基本责任，任何一个企业都不可能担负起一个民族素质提升的责任来。马云的云谷学校做得再出色，从幼儿园到高中也才 3000 名学生，杯水车薪。全民素质只能依托我们体制内的公立学校，那才是 14 亿普通老百姓的教育基地。

只有把教育做好，国家才有未来，优秀的老师可以唤醒孩子的智慧。

大家要看清楚，上面所有关于中小学教师的种种利好，都是针对编制内的教师的，即事业编制内的教师，所有的公立学校的教师肯定在列。

国际学校的教师都不属于编制内，尤其是那些覆盖小学到高中的国际学校，那些美国学校、英国学校、新加坡学校，或者万科旗下的、碧桂园旗下的国际学校，那些教师都不在编制内。

现在，我们就来全面比较一下体制内的公立学校和国际学校的老师，看看哪种学校更有吸引力。

第一，教师收入。不讲报酬，空谈理想，那叫道德绑架，教师也要养家糊口、吃饭穿衣的。

且不论深圳 30 万元年薪招聘中小学教师，已经大大超过了深圳当地平均工资。按照国家的事业单位改革时间表，2020 年完成事业单位的分类改革，国务院教育督查办明确了会将《教育法》中"教师工资水平不得低于当地公务员平均工资水平"的规定的落实作为督查的重点，所以，对于义务教育阶段的教师来说，工资相比之前应该会迎来一次"飙涨"。

但这个"飙涨"只属于编制内的教师，跟国际学校老师无关，国际学校既然是企业性质，员工的收入只能跟其效益挂钩。即使在深圳，有多少国际学校的教师能挑战 30 万元年薪呢？

编制内的教师工资只会越来越高。随着职称升高，职称工资自然升高，随着工龄增加，工龄工资也自然增加，这些都在制度上进行了保障。国际学校的老师也能从制度上保障这种长期增长趋势吗？

第二，完善的职称晋升渠道。

职称晋升对教师个人的重要性不言而喻，不仅能够给自己的工资收入带来改变，更是对教师职业工作的肯定，还能提升自己的身份和地位。现在的中小学教师不仅可以评定一级教师、二级教师、特级教师，还可以像高校教师一样上升为副高和正高教师。

国际学校的教师应该是没有职称晋升的，这个名额估计不会落到国际学校。

第三，完善的培养发展机制。

尤其对青年教师，公立学校会推出很多帮助他们提高教学能力的培训，比如青年骨干教师培训、薄弱学科教师专业技能培训、新教师入职培训、名校挂职培训、校本培训等。各个学校、区、市、省经常性地开展专题研究、教学示范、现场指导、名师讲堂、读书沙龙等形式，为青年教师专业发展搭建成长平台，充分发挥名师的引领带动作用，发挥教研工作室的辐射带动作用。

国际学校也许也有类似的培训，但大多局限于本校或集团内，没有全国、全省这种大范围内的培训，不能不说是个很大的遗憾。

第四，政府监督和管理。

不要说中考和高考了，所有的公立学校和民办学校大多在期中和期末参加区或市的统考，以保证所有学校的教学质量。在学期中，各市和区教委也会经常下校听课，各种评比检查、抽测。

教研活动公立学校要比国际学校多很多，国际学校的教学质量谁管？除了十二年级最后去国外大学的录取情况，其间十二年过程管理呢？怎么横向对比？没有统考，没有对比，家长你放心吗？

第五，教材和教辅保障。

国际学校会选择美国或者英国的教材，高中时会选择美国的 AP 体系或者英国的 IB 体系，这些当然没有问题。有问题的是，国外没有教辅，尤其数理化，否则英国小学不会原版输入上海中小学的《一课一练》了。因此，国际学校的教师们就各显神通，自己上网寻找各种材料作为学生的练习，或者干脆把国内的教辅翻成英文，没人指导没人检查，你的教学成果没有彰显力度。

我曾经碰到不少国际学校的学生，寒暑假居然还要另外掏钱在外面再补习英文，要知道他们在学校里可是全英文授课的。

第六，师资质量。

所有中小学教师必须修过心理学，这是全球共识。不懂孩子，怎么教孩子？做教师，智商往往不是最重要的，重要的是要有爱心，要了解孩子，喜欢孩子，尤其是要懂孩子。

也许你会说，深圳 2019 年 30 万元年薪招聘的教师有一半以上并非来自师范院校。但录用后，他们自己会主动去补上心理学这块，学校和当地教育局也会帮助他们补上这个缺陷。

国际学校的老师 80% 以上不是教育专业出身，肯定没有系统学过心理学，即使毕业于剑桥和牛津，谁来帮他们补上缺失的心理学知识呢？家长看过他们的教师资格证吗？

第七，退休保障。

毫无争议，公务员的退休金和医疗保障是最好的，既然编制内的中小学教师要向公务员看齐，那他们的退休福利肯定也是最好的。千万不要小看这个，现在的中青年将来活到 100 岁是大概率事件，注定要度过一个漫长的老年，丰厚的退休金和医疗是老年幸福的重要物质保障。

国际学校既然是企业，其教师将来拿的就是企业退休金和医疗保险，这个能与公立学校的老师相比吗？

第八，荣誉感。

荣誉是至高的，是难以用钱来衡量的。公立学校里的教师如果做得好会得到各种表彰，比如教师节期间获得市级政府综合表彰的优秀教师、先进教育工作者称号，政府也会树立各种教师标兵或模范。改革开放 40 周年之际，党中央表彰的 100 位为改革开放作出杰出贡献的个人，其中就有一位来自教育系统：于漪，上海的一位初中语文教师。

国际学校的教师能获得这种荣誉吗？听说过哪个师德模范来自国际学校吗？

2006 年被保送到北大的学生霍建龙在写给母校衡水中学老师的一封信中这样写道："忘不了这里最可亲可敬的老师们。上了衡中，我不禁感叹，老师们竟能兢兢业业到这地步，竟能无私奉献到这地步。父母病了，他们不能守在床前；子女饿了，他们无暇回家做饭。他们把全部的心血都倾注到我们这些学生的身上，一心想的是帮我们实现自己的理想。他们或许不是好儿女，不是好父母，但他们绝对是最好的老师，我的一生能有缘结识衡中的老师真的是一种幸运、一种幸福。每天我都被衡水中学的老师们深深地感动着，他们正是我灵魂的支柱。"

学生："我们曾贪玩，但老师们的付出又未尝不令我们感动；我们曾顽皮，但老师们的苦口婆心又怎能不令我们后悔；我们曾懒惰，但老师们的披星戴月又怎能不令我们勤奋。于是我们互帮互助，为了我们美好的明天尽着自己的力量。"

"我们累，但充实着，我们苦，但快乐着，我们奉献，但幸福着。"这是衡水中学老师发自内心的感言。

衡水中学疯狂的成绩背后，是更加疯狂和身体透支的教师，那里有一批极其敬业的老师，并且深爱着他们的学生，他们用自己的勤劳和智慧让那里的孩子变得更加出色。

在所有孩子形成人生观的年纪，衡水中学的老师教育他们一种"不能止步于优秀，更应做到自己能做到的最好"的理念，这种理念难道不也是那些国际学校所推崇的吗？

在 2020 年，我曾参加衡水中学的"大学校园行"活动。衡水中学最打动我的也是他们的教师：这个时代"最可爱的人"，完美地诠释了教师的奉献精神。

衡水中学在高考中取得的辉煌成绩就不多说了，全国 120 所大学愿意自掏腰包每年去宣讲，哪所高中能做到？ 也许你会说衡水中学掐尖，掐尖的高中实际上到处都是，上海中学难道不是掐了上海市的尖吗？ 成都七中掐了成都市的尖，华师附中掐了武汉的尖，南师附中掐了南京的尖……但他们能取得衡水中学的成绩吗？

贫瘠的衡水土地上诞生的衡水中学，其精髓在于其全体教师！

华为总裁任正非曾带领核心团队访问衡水中学，多次在公开场合表示华为要向衡水中学学习。 我认为是要向衡水中学的教师学习，学习他们的敬业精神。

以 2020 年遭遇新冠肺炎疫情的特殊情况为例。衡水中学高三学生在 4 月 23 日集体返校，高三教师同一天返校，这批高三教师与高三学生同甘共苦一直到 7 月份的高考。同甘共苦？就是这批高三教师自 4 月 23 日起也集体住校，直至高考，期间没有回过家一天。有些甚至是带着不足周岁的孩子、拖着婆婆一起住校。请问全国中学有哪一所能做到这样？有哪些教师肯这样做？全国的高三教师都很苦，但苦成这样的，我没有看到第二家。倒是有不少的中学校长跟我讲，现在的中学教师以"八〇后"为主力，独生子女为主，家庭条件大都不错，各种激励政策很难推行下去。

高三有其特殊性，那我们来看看高一高二。

衡水中学的学生集体住校，每两周放假一天。意味着班主任要在 5:40 前到校，晚上 10 点后离校，一天工作时间 16 个小时，算上周末，一周工作时间为 104 个小时。我们的法定工作时间为 40 个小时，衡水中学教师的工作时间是法定的 2.5 倍！

这是为他们自己吗？客观上他们"抛弃"了自己的家庭，不少衡水中学教师自己的孩子读书一般，因为实在没有时间照顾自己的孩子。

是为钱吗？所有的衡水中学教师把自己奉献给了学校，再也没有一分钟时间在外面办补习班搞钱，我相信要比大城市的高中教师的实际收入要低。

衡水中学的教师聪明吗？他们大部分毕业于河北师范大学，相比于北京 101 中学、人大附中、清华附中等的教师很多是清北毕业的博士，可以说，衡水中学师资平平，是 104 个小时让他们打败了全国所有的高中。

因为学生两周才回家一次，不允许带手机，衡水中学的教师不仅要负责学生的学业，客观上是学生的家长，像家长一样关心学生的身心情况。衡水中学的不少班主任是体育、美术、音乐老师，往往这些副科老师带的班比主科老师还好，就是因为他们会捕捉学生细微的心理变化，及时调整、耐心疏导，是他们的责任心打败了全国的高中。

就是这些教师帮助了普普通通的家庭的孩子改变了命运，考上了心仪的大学，他们像钟南山院士一样值得尊敬。今日的中国，太需要衡水中学教师职业的敬业精神了，无关乎资质，只要肯干就行。

亲爱的家长，你认为国际学校的老师会比衡水中学的老师更敬业、更爱学生吗？你砸那么多钱，难道不希望有衡水中学这样的老师来教育你的孩子吗？

近年来，国际学校教学队伍中不断涌现了很多留学海归，他们经历过国外教育体系的锻炼，往往有着很强的适应能力和协调能力。在语言上，他们显然有着外籍教师不具备的流利中文，又有着强于本土教师的英语交流能力。

但，他们为什么不去公立学校呢？难道他们不稀罕这个编制吗？他们就不想工作稳定吗？高薪，国际学校的薪水已经没有多少吸引力了，更不用说那些福利了。

我碰到过一个加州大学伯克利分校的海归硕士，国际学校给他的教学安排是教初中数学、初中物理，再加一门高中物理，跟我们公立学校一个老师只负责一个年级的一门课程相比，这种教学质量能保证吗？由于缺乏足够的过程管理，很多家长可能不知道学校的这种教学安排。

作为国际学校"标配"的外籍教师的情况呢？

第一，国际学校聘请的外籍教师流动性很高。一个重要的原因是部分外籍教师抱着"打工＋旅游"的心态来华从教，在一个地方游览得差不多之后就会换地方，很难长期停留在一个城市里。由于外籍教师流动频繁，导致国际学校教学力量不稳定，师资压力较大。

第二，来自家长的"肤色"压力。白皮肤黄头发的外国人是国际学校的招牌，这些外籍教师的占比一直是国际学校的宣传重点。没有这些外教，家长不答应啊，学费不答应啊。为了迎合家长，配合招生，国际学校就想方设法招录那些白皮肤的外国人。少数外国人因此开始浑水摸鱼，直接导致外教的水平也参差不齐，有的上课照着读PPT，有的完全不会讲课，有的直接让学生自学，有的自身学术水平就不行，在一些县级的国际学校里的外教根本就没有拿到他们本国的教师资格证，完全就不适合做教师。

少数害群之马影响了国际学校的声誉。

一些家长认为国际学校基本靠自学。这种状况虽然对学生的自学能力有提高，可以帮助适应以后的大学学习，但是对于大部分自学能力一般的学生自学的结果肯定是无法让自己满意的，尤其是学习自觉性一般的学生。

第三，交流上的障碍。大部分外教不会中文，大部分家长的英文也不行，这样的家校怎么沟通？你怎么去了解这个外教的教学理念、教学内容、教学方法？你怎么去了解你孩子在他课堂上的学习情况？

这种学校的校园开放日，除了能参观一下漂亮的校园、丰富的活动，你能听懂什么？你能理解什么？

第四，优秀的外教也是凤毛麟角的，肯定没有我们自己的多。你自己想想，名师到处都稀缺的，家长都趋之若鹜的，优秀的外教在他们自己国家也很受欢迎，公立学校、私立学校随便找，薪水也是很高的，他们为什么要远渡重洋到中国来教中国孩子呢？就教师这个职业特点来说，责任重大，都是为国家培养未来的栋梁之材，那他们有必要呕心沥血地培养外国的花朵吗？

有，但非常罕见。

第五，外教的价值观。一个人的价值观毫无疑问会受到其所受的教育及成长环境影响，现在美国全社会的对华敌视，那些外教或多或少要受到一些影响吧？他们的价值观难道不会投射在他们的课程讲解中吗？

如果让他们来讲解名篇《1984》，你觉得会怎么解读？

这种潜移默化，想想都不寒而栗，他们教育的可是我们白纸一样的孩子。

第六，家长无法过程监管。除了十二年级时收到的国外大学的录取通知书，其间的 12 年，其实家长很难监管：没有区、市统考，就没有了参考物，除了孩子的同班同学，你很难做出你孩子在整个同龄人中的能力判断。

因为国际学校的数理化非常简单，跟我们国内的内容比，基本可以忽略，主要就是英文的学习，英文就是那些外教教的了。12 年中，请问跟你孩子的外教交流了多少？你有没有去考察过这些英文外教自己的阅读量？有没有看过他们写的文章？有没有看过他们的教师证？

当然，这些外教无论能力如何，大概率是按照他们自己从小受的教育模式来教我们的孩子，或多或少帮我们打开了一扇观察世界的窗口，在教育多元化上未必不是一种很好的尝试。

但，国际学校的价值导向希望教育部门一定要重视起来，千万不能再出现香港中小学那种乱象，我们的孩子应该成为中国的孩子，应该具有中国的价值观。

一个医生，一个老师，和其他职业是不一样的。医者，父母心。师者，一日为师，终身为父。一个救我们的肉身，一个救我们的灵魂。这两个职业都不是随便做做的，都要怀着成为父母的心，才能做得好。

STEM，未来中国的根本

影响人类进步和发展的是思想和文化吗？其实最根本的力量是科技。政治、经济、军事的基础是科技，科技影响着世界。美国称霸全球靠的就是科技优势，军事的核心更是科技。没有领先的高科技，华尔街就是个花架子。

2021 年 4 月 14 日，中国人民银行发表了一篇工作论文《关于我国人口转型的认识和应对之策》。论文有一观点为"要重视理工科教育，东南亚国家掉入中等收入陷阱原因之一是文科生太多"，其内在逻辑是理工科人才多了，先进制造业就上去了，就有希望不掉入中等收入陷阱。观点也许有些激进和偏颇，但科技对一个国家的重要性是显而易见的。

"中国制造 2025 计划"就是制造业升级、迈向制造强国的战略纲领，怎么升级？科技。"2025"将带动整个中国科技产业逐渐往金字塔顶端前进。

科技专业是什么？按照美国的说法是 STEM 加上生物和计算机科学，在中国统称为理科，即数学、物理、化学、生物和信息科技，中国高考典型的理科，理科生。

语文和英语是基本工具，真正能带动民族创新的，还是要靠数理化这些理科专业！否则美国的反华参议员不会提出"中国学生想来的话可以选修莎士比亚，禁止在STEM领域学习和研究"的《安全校园法》，就是为了遏制中国科技领域的发展，因为高科技才是引领各个行业发展的核心。

华为就扮演了中国科技领军人的角色。

这两年最振奋国人心的是华为，最揪国人心的也是华为。

美国政府运用国家力量打压华为、干扰市场运行、通过"长臂管辖"阻挠华为与他国互利合作的丑恶行径。全球所有制造公司只要采用到美国相关技术和设备生产的芯片、半导体设计都需先取得美国政府的许可，这不仅是对华为的连根拔起，更是对中国整个高科技产业的釜底抽薪。

一个企业对抗一个超级大国！

这跟当年美国打压东芝，打压日本，逼迫日本签署广场协议一模一样。

也因此，中国的普通百姓都深刻认识到了半导体国产化替代的重要性，半导体产业链要掌握在自己手里，关键技术的突破刻不容缓。但是，从应用终端到芯片，再到芯片设计工具，然后到芯片制造和制造设备的材料，走到最后我们才发现设备和材料底层的材料、物理、化学、数学的原创理论基础都是中国半导体产业要补的"课"。

换言之，只有先有数理化理工科的基础科学的突破，才有半导体设备和材料的底层突破，才有代工、存储的工艺突破、才有华为等企业的上层创新。

华为创始人任正非也多次重申，"我们国家修桥、修路、修房子……我们总以为砸钱可以砸出一切，已经习惯了只要砸钱就行。而芯片创新靠的不是砸钱，而是要砸大量的数学家、物理学家和化学家"。

"5G 标准是源于十多年前土耳其 Arikan 教授的一篇数学论文。Arikan 教授发表这篇论文两个月后，被我们发现了，我们就开始以这个论文为中心研究各种专利，一步步研究解体，共投入了数千人。10 年时间，我们就把土耳其教授的数学论文变成了技术和标准。我们的 5G 基本专利数量占世界 27％ 左右，排第一位。"华为能搞出 5G，但写不出 Arikan 那个水准的数学论文，这才是任正非比较担心的事。

要重视基础科学的教育，只有长期重视基础研究，才有国家和工业的强大。没有基础研究，产业就会被架空。

诺贝尔物理学奖获得者杨振宁教授说："我觉得整个中国目前的家长也好，教育家也好，也可以说弥漫在中国有一个错误的观念，就是觉得美国的中小学好。""家长倾家荡产把小孩送去，就是因为他们没懂，美国的教育绝对不是比中国的中学、小学、大学的教育好。"

总是有一些中国家长否定中国基础教育，支持美式教育，然后在独生子女低龄时就送他们去英国、美国留学。

这些否定中国基础教育的人往往会质问：为什么将近占人类五分之一人口的中国，一百多年来才出现一位诺贝尔奖自然科学获得者呢？

这一百多年来，中国是什么样的社会？从鸦片战争开始到清朝灭亡，中国有教育、有科技吗？接着到新中国成立前，不是军阀混战，就是日本入侵，中国有教育、有科技吗？

从诺贝尔奖角度看，我国最具参考的样本应该是日本，人种相同，文化相近，互为邻国。第二次世界大战后的日本作为战败国，废墟一片，基础之薄弱跟我国一样，都是一穷二白。幸运的是，随后的 30 年，他们是完全振兴经济，没有像我们挣扎那么久。

所以，我们不能老是拿新中国成立初期的一穷二白来说事，而新生代的孩子们对那段历史了解不多，会觉得中国一直模仿外国。

其实那 30 年的日本也一直处于模仿中，日本的崛起就是从模仿欧美开始的，然后开始进入原始创新阶段。从 2000 年开始，日本每年一个诺贝尔奖获得者，从获奖周期来看，这些获得者的成就大多始于 20 世纪 80 年代。

根据日本这个样本看，我国从 1979 年到 2010 年也就是模仿阶段，兼具中国劳动力红利，承接全球产业链低端，强势把中国经济拉起，其间知识产权问题确实饱受诟病，没有办法，这是模仿必然的结果。

但，现在中国开始进入了原创阶段，灯塔已经没有了，就如华为所说，"进入了无人区"。所以华为在中科大设立基金，只为原创，允许失败。

从 1979 年到现在这 40 年，再看看中国的成绩，全世界为之瞩目。西方经济学理论似乎很难解释中国经济的奇迹，西方经济学家也似乎没有看懂中国经济，某些诺贝尔经济学奖得主甚至都不能理解中国经济，那么他们够诺贝尔经济学奖的资格吗？

　　科学家的成就要经过几十年的检验才可能获得诺贝尔奖，诺贝尔奖奖励的都是几十年前的成就，完全有理由相信在未来的几十年，中国的诺贝尔奖获得者也会像日本一样每年都有。

　　"学好数理化，走遍天下也不怕"。这是 20 世纪 80—90 年代在全国高中生中很流行的一句口号。那时的文理分科，往往是数学、物理比较差的才去文科，文科与理科的比例也一直维持在 1 ∶ 3。（客观地说，那时的文科有点受歧视）。

　　那时大家普遍的共识是：理科的学生更聪明。数学物理有时光靠勤奋是没有用的，一条辅助线想不出来，这个证明题就是做不出来，这种十多分的大题直接就是零分。电场线、磁力线就像你头上的爆炸式发型直接把你脑壳炸死。文科一般不会出现这种一个论述题得零分的事，除了作文，文科很难拉开差距。

　　那时出国留学都必须申请到奖学金才行，一般家庭根本不可能支付得起美国的学费。那时的留学生申请的 90% 以上都是 STEM 专业，哪所大学哪个教授会资助你去美国研究语言、历史、地理、文化？

　　曾几何时，这个风向就变了呢？

伴随着吹遍祖国大地的改革春风，国家有钱了，人民也有钱了。国家与国际接轨了，人民也走出国门了。然后，大家纷纷开始发现问题了，开始反思了，尤其是的教育问题。

在考察了不少美国公立中小学及其教材后，中国社会一直有一个疑问："美国的基础教育这么差，是如何支撑起拥有众多世界一流的大学和科研创新能力的？"这个跟钱学森的世纪之问"为什么我们的学校总是培养不出杰出人才？"异曲同工。

来看看美国的小学。美国的小学一个老师负责一个班级。一个老师！也就是这个老师要负责这个班级的大课程，也就是除了艺术和体育外的几乎所有课程，包括语文、数学、历史、科学，等等。还要负责学生几乎所有的科目学习以及生活指导，所以经常会邀请学生家长来参与部分教学，比如某节阅读课、某个科学主题。决定成为美国小学教师的人，需要考取多个科目的教师资格证。考核分为三级，包括：阅读、语言、文学、历史和社会科学；科学、数学；体育、人类发展、视觉以及表演艺术几方面。可谓是全能型教师，以保证为学生提供全方位的教育辅导。虽然美国有法律规定一个班级的人数不能超过25人，是地地道道的小班教育，但可能有这样的全才老师吗？术业有专攻，不同的学科就是应该有不同的老师教导，数学与语文完全是两个不同大脑半球的运动，应该是完全不同的教育方法。客观讲，美国小学教师的数学能力普遍不强，甚至搞不清分数。为了自圆其说，美国推出了自认为很先进的教育理念：小学五年级之前的学生是不必在乎成绩的，他们要学会的是美国文化的核心价值，而不是为这个核心价值服务的知识，这大概就是美国学生数学弱的原因之一。

快乐学习导致大量普通公立学校的学生从小学开始数学就差。不少孩子五年级毕业时，都不会分数运算，普遍不会背乘法口诀。家庭作业也没有，即使有，也就在一到两小时内完成，寒暑假真的是没有作业，最多就是布置点阅读，但开学时并不会查你到底有没有读，也不用上补习班，都是各种快乐夏令营。更可怕的是，老师可以不批改作业，也可以对考完后的试卷不讲解，第二天老师把答案写在黑板上，你自己对。碰到不自觉的学生，有可能一个学期下来都不知道 2+3=6 是错的，因为没有人给你指出来。

这就是为什么在考察全球各个国家中小学学生的学习能力的 PISA 考试（Program for International Student Assessment，国际学生评估项目）中，美国一直垫底。

美国是典型的通过教育来固化阶层的国家。素质教育吹得天花乱坠，不做作业难道是孩子的自由选择吗？不背乘法口诀难道是可以被原谅的吗？那些接受精英教育的美国学生们实际上跟我们的孩子一样辛苦，这个世界绝对没有随随便便的成功。好好看看《探秘美国最好的高中》这本书里介绍的纽约著名的 Stuyvesant 中学，那里的不少学生每天只睡 4—5 小时，进去前、进去后都是要上很多很多的补习班的，整整四年跟我们高三一样残酷。

然后，美国荧幕对"书呆子"的奚落也不少，就像在中小学里体育明星比学习尖子更出风头一样。很多读书好的优秀生反而被塑造成一个个书呆子，英文叫 nerd，总是不及格的学生却个个神采飞扬，受人追捧。前有 20 世纪 80 年代的《成长的烦恼》，老大学习一塌糊涂，却一直乐观开朗，家长也很少批评，美其名曰保护其自尊心。前几年火爆的《生活大爆炸》，4个理工男被刻画成猥琐、没朋友、不会打扮、书呆子、情商低、大龄剩男和因为成绩太好从小被欺负的形象；没上过大学的、不爱学习的金发女郎却被塑造成班花、人见人爱、学校里的大姐大和下嫁给科学家的女神形象。另一美剧《摩登家庭》中，二女儿是学霸没朋友、情商低、自卑，大女儿虽然是学渣，但是凭着自己的美貌却人见人爱。

好莱坞的这种价值导向也曾经荼毒我国很多的年轻人：金钱至上，娱乐至死。各种各样的选秀节目、荒唐的抗日神剧，尤其是影视明星、歌星畸形的收入，一部电视剧主角的收入高达上亿元，台词都不背、仅靠一张脸就能捞金 8000 万元，上个综艺就斩获几千万，一个明星一年的收入要抵上几十个科学家。

好在这股歪风终于得到了扭转，大量科技初创公司激励了更多的年轻人投身 STEM 专业，北斗、神舟、大飞机等国家重器引导年轻人实现我们的中国梦。

对领导力的极度推崇，是美国教育的一大特色。从小学就开始培养领导能力，这和美国教育体系和社会价值中对领导才能的重视和赏识有关。世界霸主么，最需要的就是领导才能，哈佛大学公开宣称它的目标就是培养行业领袖。

要工程师干吗？"美国只需要培养管理工程师的领导"，美国的一些政治精英就是如此狂妄。自从制造业空心化后，美国本土老百姓也长期轻视 STEM 专业的学习。

许多美国的高中，专门设有领导力的课程，从性格培养、团队协作、管理技能、组织架构、保持竞争力等多个维度培养学生的领导力和领袖才能。

美国的大学对领导力的重视更是不遗余力。最典型的就是哈佛大学，其有别于其他研究型大学的一个显著特点是注重培养领袖，培养学生的领导意识和领导能力，以便日后担当行业领袖或者世界领袖，这也是其招生的核心原则。这就是为什么哈佛在大学录取学生时经常拒绝 SAT 和 GPA 满分的学生，它更注重判断申请者是否具有领袖潜质。

耶鲁大学的招生网上也表明对学生领导才能的重视，"我们是在寻找每个年代里在所追求的领域上，能够成为领导者的学生"。耶鲁大学的校长说的"没有某个技能"也是同一个意思。

普林斯顿大学校长也说："我们会更重视学生的某些品质，是否能成为所在领域、所在社区的领导者。"

总之，这些名校最看重的不仅仅是智商或是成绩，而是想要培养未来的领袖。美国的精英教育的本质就是为培养领袖而设置的，也是美国希望成为全球长期霸主所做的准备。

美国中小学教育确实有其精华的地方，比如鼓励大量阅读，鼓励质疑，鼓励探索，但对 STEM 学科的轻视也是显而易见的，这也许是适合其国情的。毕竟教育是为社会服务的，美国早已不是一个劳动力密集型的社会，早已经把制造业搬到国外去了，蓝天白云下鲜有工厂，第三产业占其 GDP 的 80%。因此，美国只需要能管理、能发明创造的少数精英，比如华尔街精英、硅谷精英、华盛顿精英，同时其优良的社会制度和富有活力的竞争机制，吸引了全球精英去美国奋斗，为美国打工。所以，大部分美国普通学生即使不怎么努力学习，靠着强大厚实的国力，靠着大量印钞，靠着全球驻军，生活也不会太糟糕。

因此，美国整个教育制度就是围绕着这个社会需求来铺设的，结果就是在公立中小学普遍的不重视 STEM 学科。

任何一个国家的教育体制都是与其国情相关联的，教育不仅仅是要把每个孩子培养为一个健康的社会人，也是要为国家和社会服务的。这就是为什么历史上、古今中外不少的教育家同时也是政治家、哲学家一个道理。

我们的教育体系其实也是适合我们国情的。

我们不会摒弃世界工厂吧？只有世界工厂才能解决 14 亿人的就业问题，金融和高科技解决不了 14 亿人的吃饭问题。

第一，大家都有共识，中国的崛起得益于加入 WTO 后的"世界工厂"。毋庸置疑，这个"世界工厂"承接的是全球产业链的中低端，就如郎咸平教授分析的，芭比娃娃，在美国卖 10 美元，近 70 元人民币，但我们的工厂只赚了大概 5 元人民币，连最后的海上运输都因为 CIF 条款让外国海运公司赚走了。这就叫低端。

第二，中国这么大人口基数，5—6 亿的青壮年，近 70% 没受过高等教育，近 50% 没上过普高，可能 10% 只有小学文化，不做低端做什么？"血汗工厂"在中国的前几十年绝对是有道理的，解决了几亿毫无文化、毫无技能的农民的吃饭问题，"血汗工厂"再残忍，总比在黄土地里刨食挣得多。

第三，也正是因为大量世界工厂的存在，长期以来才培育了我们现在全球最全最完整的产业集群和供应链。无论哪一任美国总统都会希望把美国工厂搬回到美国去、无论中美贸易摩擦有多凶猛，它能把整条供应链搬回去吗？一台电脑、一部手机，上下游上百个供应商，能把这么多供应商都搬回美国吗？苹果工厂不是又老老实实地重新搬回了中国。

第四，东南亚劳动力再便宜、土地再便宜，为什么低端制造业还是很难转移过去？同样也是因为供应链，任何一条供应链的培育都有相当长的过程，现在绝大部分产品的竞争本质上都是供应链的竞争。移走的是工厂，单体工厂，不是工业体系。工业体系高度依赖供应链，转不走。向东南亚的转移依旧以中国为中心，供应网络属于自然扩张。中国不是全球制造业转移的其中一站，而是最后一站。

中国兼具弹性和效率的供应链网络，能帮助任何高科技产品大规模量产：比如全世界每 5 部智能手机就有 1 部产自东莞。一部手机，有 1000 多个零部件，60% 的供应商都聚集在深圳、东莞两地。以前的全球分工是美国科技、中国制造、全球市场，将来的分工中中国"2025"制造一样不会缺席。有强大的制造业支撑，中国在全球有着不可忽视的地位。

中国如果像美国那样第一产业和第二产业空心化，将万劫不复，因为第三产业无论如何都容纳不了大量的劳动力，大量青壮年劳动力流落街头、没有工作，绝对不是我们国家能承受之重，我们的人口总量摆在那里。

中低端的制造业需要工程师，高端产业呢？需不需要工程师？

全球首富、微软创始人比尔·盖茨就把自己看作是个软件架构师，软件架构师就是软件领域最高级的工程师。

SpaceX 和特斯拉的总裁埃隆·马斯克（Elon Musk）在一个中国央视节目上说："我是具有创新精神、具有创意的工程师。我想我是工程师。""企业家"虽是他名字前的常见定语，但他自认为是个工程师。

甲骨文创始人埃里森认为中国是美国"自上世纪 30 年代以来的首个严峻对手"，"如果就这么让中国的经济超越我们，让中国培养出比我们更多的工程师，让中国科技公司击败我们的科技公司，那就离我们军事科技也落后的那天不远了。"他也担心"如果就这么让中国培养出比美国更多的工程师……"。

美国硅谷，全球最具代表性的高端产业，有着浓厚的工程师文化，得到全社会的尊重和较高的社会地位。不少工程师的收入非常高，甚至高过高层管理人员。在硅谷，华人工程师近三成，清华、浙大、北大、复旦、交大、南大、武大等校友，加一起有近 10 万人，90% 以上都在做工程师。

世界上很多国家和地区对工程师都是非常尊重和重视的，

比如在法国要取得工程师的资格难度很大，需要在大学先读预科，然后才能进入工学院获得工程学位，并成为工程师。跟医生一样，要成为一个优秀的工程师也是需要经过很多年的努力。

未来，只要我们继续是世界工厂，不论是低端，还是高端，依然需要大量工程师。即使是无人工厂，也需要大量工程师去维护系统的正常运转。

波音飞机，曾经被看作是美国高端制造业的典范、骄傲。由于 MAX737 接连的空难导致几百人死亡，引发的波音危机可能连累美国 2020 年 GDP 增速下降 0.5 个百分点，接近 2000 亿美元的 GDP 损失。

波音的危机实际上正是作为美国制造业根基的工程师精神在衰落。波音已经出现工程师严重短缺，机械工程师往往要连续上班七八个星期，连续工作导致频频出错。

波音危机更是人才危机：美国缺乏足够的工程师。

如果梳理一下美国的强国之路就会发现，实际上美国自建国后，正是拼命发展制造业，并靠着一战二战期间汽车、钢铁、飞机、机械等制造领域的绝对优势成为世界制造业霸主，也迅速成为经济总量、军事实力世界第一的国家。据统计，1950—1975 年间，美国企业 500 强中，制造业企业占近 80%，美国制造业从业人数比例在 1945 年曾达到就业人口的 38%。

制造业繁荣的背后，是美国的"工程师红利"。当时理工科是最炙手可热的专业，据统计，1996 年以前，美国大学每年培养出 50 万名科学家和工程师。

正是"去工业化"对美国社会经济带来的巨大伤害。奥巴马时代，美国就已经提出振兴制造业口号，在第二任期的首份国情咨文中提出"让美国成为新增就业和制造业的磁场"。特朗普也发誓"重振美国制造业"，甚至不惜使出胡萝卜加大棒的政策：一方面，要对以美国市场为主的海外制造企业和基地设在外国的美国公司征收高达 35%—45% 的关税和罚款；另一方面，对投资或回流美国的制造企业，联邦、州、市、镇政府在土地、税收、公共设施服务等方面给予巨大的优惠，以撬动制造业回流美国，重塑美国制造业全球霸主的地位，削弱竞争对手的实力。

富士康要在美国建厂，一个难题就是缺工程师，一度甚至计划从中国调工程师去美国。产业会移走吗？苹果公司的总裁库克也说了，苹果工厂没法回去，不是成本问题，而是美国提供不了这么多工程师，但中国可以轻松提供。

以上这些问题的原因之一就是：当今美国社会的理工科人才急剧减少。

《财富》杂志报道，美国学生中的优秀人才，最喜欢读的专业是工商管理、法律与金融，只有 9.4% 的人选择攻读理工学科。

美国宇航工业协会的资料也显示，美国大学每培养 1 名物理学博士，相应的就有将近 70 人拿到管理学或者法学博士学位。即便是美国最好的理工科高校——麻省理工学院（MIT），毕业的 100 个硕士里，只有不到 5% 选择航空航天工业，近 1/4

的毕业生选择到咨询行业工作。

顶尖的理工科院校尚且如此，顶尖的文理综合大学哈佛大学的毕业生，33%选择从事金融行业，只有17%选择从事STEM行业。

在美国，"最好和最聪明"的学生毕业后选择华尔街一直是主流。

原因简单粗暴：钱多，来钱快。

医生、金融、互联网行业目前是美国薪水最高、就业前景最好的专业，优秀人才大量选择这几个行业就业，这是美国大学生不选理工科的重要原因。

我们的教育改革似乎也有这种倾向，教育部不断发文要给学生减负，不准排名、不准补课、不准择校。高考科目也是不断改革，从七门全考到"3+1+2"等等，也都是为了响应"减负"。

无论社会舆论怎么调侃、批评，不能否认的是我们目前的教育体系是效率最高的一种基础教育，就像我国的政治体制一样。我们国家的体制也是一种效率最高的体制，比如所有的防灾救灾、所有的超级工程，如果采用西方的民主制，很有可能最后一盘散沙，就像印度连语言都没法统一，或者如苏联直接解体。

中国走的是平民教育路线。最近在全国推广的幼升小摇号入学，民办学校和公立学校同步招生，上海即将执行的中小学教师学校轮转，就是希望教育资源均质化，普通百姓的孩子也能接受优质教育。

中国的这种模式，在顶级精英的培养上，可能比不上美国，但非常有利于抓好"中间段"的水平，尤其是为国家培养了大量的工程师。中国这些年在制造业和互联网产业方面的快速发展，很大一部分原因得益于中国的"工程师红利"。

我们的教育体系恰恰是培养工程师效率最高、成本最低的体系，原因就在于我们对 STEM 学科的自始至终的重视。

在 2020 年的大学招生中推出的"强基计划"，虽然是对以前的大学自主招生的一种替代，但在强基计划的定位中，"主要选拔培养有志于服务国家重大战略需求且综合素质优秀或基础学科拔尖的学生"。在专业设置上，突出基础学科专业，重点在数学、物理、化学、生物及历史、哲学等相关专业招生。

执行强基计划的高校是国内 36 所"双一流"大学，基本就是 985 高校，国内最好的大学。通过强基计划入学的学生"配备一流的师资，提供一流的学习条件，创造一流的学术环境与氛围"，大比例免试直硕、直博、公派留学等等，高校和国家有着非常大的教育资源的倾斜。

进入强基计划的学生，将在本科阶段就能进入国家实验室、前沿科学中心、协同创新平台等参与项目，获得与顶级科学家一起学习的机会，而这些机会对于普通本科是很难得到的。将来的就业，高校和国家也会提供特别指导，优先进入国家关键领域，你只要安心学习，全身心投入到基础领域的探索。

任正非说："没有基础研究，对未来就没有感知，没有感知就做不到领先。"鼓励优秀的学生去基础学科，要在基础学科上做原创性突破，而非应用创新。日本近 20 年来，在自然科学领域每年一个诺贝尔奖获得者，可见他们在基础学科上的沉淀有多深。

中国科学院院士李兰娟说："要把高薪留给才德兼备的科研人员。"相信在全国的宣传舆论和价值引导下，会有越来越多的优秀学生投身 STEM 专业，以前全国的高考状元蜂拥到清华、北大的金融管理学院，这种现象估计会尽快扭转。

STEM 专业将重新迎来高光时刻。

最近几年，中国人口优势、劳动力成本优势、土地优势已经不再那么明显，已经不如东南亚各国，所以中国希望能够产业升级，从而摆脱低端制造的地位。

但是产业升级需要大量的 STEM 人才！

中国的创新很多都是基于商业模式的创新，比如阿里巴巴、京东、拼多多，这跟美国的创新有很多不同的地方，美国科技企业依托各大高校，能研发很多高精尖的技术，从而形成一个巨大的技术壁垒。

就算美国给中国 STEM 专业的学子关上留学大门，但华为的生死一战，在舆论上引起了中国普通老百姓对 STEM 专业的重视。

《中国制造 2025》，政府制定的宏观规划引领我国从制造大国迈向制造强国，2018 年教育部公布的新课标，编程、计算机思维成了必修课，2018 年 4 月《教育信息化 2.0》的颁布，为

STEM 教育提供了政策文件上的保驾护航。

　　科技才是中国强大之根本，科技是未来的发展方向，中国的发展需要更多的科研人员，希望学习 STEM 的孩子将来能为中国的崛起尽一份力！

物理，中美初等教育的差异

中美两国初等教育在学术课程（Academic）方面的最大分歧之一是：物理。

美国公立初中不开设物理和化学，这些课程要到高中去学，只是在类似于自然科学这种常识课中零散地传播一些化学、物理知识。美国私立学校则采用，完全不同的教育体系，在此不作比较。

如果梳理一下美国公立高中的常规课程体系，就会发现不少问题。虽说他们不搞文理分科，但从必修课和选修课上还是可以看出端倪。英文、政治、历史这种传统文科课肯定是必修。他们的理科设置（数学暂且不讨论）是高一修生物，必修，要参加州考，如果没通过，第二年重修，一直修到通过为止；高二修化学，也是必修，但不需要参加州考；高三修物理，但是选修，所以肯定没有州考。这三门理科课程中，毫无疑问，物理最难。

物理好的学生，数学一般差不了，反之亦然，数学和物理是相辅相成的。

但是，很多美国公立高中甚至开不成物理课，一是因为选修的学生太少，比如全校2000个学生中选修物理的不到20人，凑不成一个班；二是全美高中物理老师奇缺，严重缺乏合格的物理教师。我甚至碰到一个高中物理老师，原来是全职家庭主妇，讲讲受力分解还行，电磁场部分不太擅长，更不要说实验了。

　　美国绝大部分高中毕业生不会受力分解，经典的斜平面上两个叠加方块的摩擦力的方向，能分析出来的估计不到20%；知道折射，但不知道怎么计算水中弯曲的筷子；看着疯女人一样炸开的静电场线，束手无策；很少有人知道左右手定则。而中国的高中毕业生至少学过四年物理（包括初中两年），可见物理在中国初等教育中的重要性。

　　虽然马克·扎克伯格（Facebook创始人）在脸书上晒出的一张照片，给他出生10天的女儿读的是《量子物理学》，实际上，普通美国人物理很差，因为他们从来没有系统地学过这门课，也许一辈子都没读过。即使是大学本科读物理专业的，最后能坚持下来并顺利毕业的不到50%，许多学生在大一、大二换到其他专业了，原因之一肯定是其难度。

　　不少人推崇美国高中物理教材的厚实，内容多而全，色彩鲜艳，插图丰富，理论联系实际。也不想想，我们是四年八本（每个学期一本），他们是一本，能不概而全吗？我们的教材只是教材，作业靠教辅，他们教材、作业全一册，能不厚吗？有些人贬低我们的物理教材是知识汇集型的薄本，科学性强，趣味性差，那绝对是老黄历了，新出版的部编版或者省编版早就借鉴了国外教材的优点，注重了观察、实验等科学方法，反映了物理学前沿和最新成果，物理实验也早就与时俱进了。即使是物理竞赛题，也大多来源于生活实践，是对生活实践的抽象和提炼，光靠刷题是很难出成绩的。

除了物理的难度，另一个重要原因是美国最热门的职业是"三师"（医师、会计师、律师）以及金融，都是高薪职业，美国有相当数量的优秀学生都去报考与"三师"、金融相关的专业了。

STEM专业之所以不受美国本土人的欢迎，除了难与苦外，一个重要原因跟他们在高中没有系统学过物理也有莫大关系。可能很多人会觉得麻省理工学院、加州理工等理工科学生很厉害，但那只是极少数。他们是理工科金字塔的塔尖，下面更广泛的基座呢？静电场、磁场不掌握，怎么理解微分电路、积分电路？

虽然美国高中的物理有很多进阶，高中普通物理、AP物理1、AP物理2、AP物理C（分力学和电磁学两部分考试）。其中的AP物理C是所有37门AP中最难的一门，得到美国前30的大学的认可，是基于微积分的物理。但AP成绩是基于百分比的，AP物理C只要80分左右就可以拿到标志满分的5分。如果你国内初中的物理成绩不错，可以直接去考AP物理1和2，只要术语过关就行。

这样，全美国高中生毕业时学过物理的大概不到五分之一，由此也可以解释为什么美国工程师奇缺，为什么制造业无法回流，为什么波音会出事。这就是原因之一，美国的初等教育体系里对物理的不重视。

物理不学，STEM专业的选择就很有限。美国高中教育的这个后果，就是美国大学生读理工科的特别少。

我儿子在美国一所普通的大学里读电子工程（Electronic Engineering，简称EE）专业。大一时这个专业有100人，到大三时只剩下18人："数字信号"一门课就让至少20个学生被迫换专业。究其原因，我认为是他们物理没有过关。"普通物理"中的电磁场没学好，怎么学动态电感、电容？怎么理解电子信号的各种变换以及更抽象的数字信号？

美国现在面临工科人才严重匮乏的局面。美国目前培养的工科毕业生数量在全球仅居于第十七位，而在1975年时还排名第三，是当时整个亚洲培养的科学和工科博士的3倍多，从1986年开始人数一直不断下降。而现在，亚洲培养的STEM专业的博士数量已超过美国。以工科见长的普林斯顿大学，在校工科生比例在美国名校中算是最高的，但也仅占17%。美国的一些科技精英，其中包括众多从工科职业生涯中受益匪浅的华裔移民也发现，他们自己的孩子都不愿读工科了。

美国国家科学院2005年底曾向国会提交一份《迎击风暴》报告，报告称，鉴于科技领域年轻的美国人越来越少，美国越来越依赖外国的科学家与工程师。目前，在美国工作的拥有博士学位的科学家、工程师中，超过38%是外国人。2018年的《美国博士学位调查》公布，57%的工程博士学位都被国际学生拿到，55% 的数学和计算机科学博士学位也被国际学生拿到，可以说在工科领域，大部分超过半数的博士学位都授予了非美国本土学生。其中近 10 年拿到美国博士学位的中国学生中，理工科占了 90% 左右。

我们的高考一直在不断改革，毋庸置疑，受美国教育的影响很大，因为中国人一直有个疑惑："美国的初等教育如此轻松，为何科技长期领先全球？"原因很多，其中一个是其公平的自由竞争机制吸引了全球的聪明人和顶尖人才，仅仅我国的清华、北大毕业生就有超过 2 万名，留学后定居美国，为美国做贡献；另一个是其顶尖的大学，全球排名前 100 的大学，一半在美国。但其初等教育，尤其是公立初等教育在数理化上的"放水"是显而易见的。

曾几何时，我国的教育改革也提倡文理不分科、降低数理化难度、提倡素质教育，等等。从 20 世纪 80—90 年代的 7 门全考到考 3 门以及各省市推出的"3+3"、"3+1+2"、"3+2"，探索之路可谓漫长，教育部门一直在寻找切合我国国情的教育模式。

现在最新的高考方案最有可能采取"3+1+2"。"3"指的是语文、数学、英语，"1"指的是物理和历史必须选一科（理科选物理，文科选历史），"2"指的是化学、生物、政治、地理选其中两科。

这是一个非常伟大的决策，符合中国国情的一个决策：中国将从人口红利转向工程师红利。工程师哪里来？理工科专业，主要来自物理相关的专业。

虽然我们的应试体制一直以来都饱受争议，但是谁也不能否认中国的基础教育很扎实，尤其是在数理化这些科目上，我们千万不要妄自菲薄。

为什么浙江高考"6选3"模式会受阻呢？为什么江苏的纯"3"模式也不被大学欢迎呢？因为那种模式导致选择物理这种较难科目的学生越来越少，物理的难度让学生觉得"性价比"不高。据说，在浙江省的很多重点高中里，一个年级20个班，报考物理的人只有2个班，反而一些得分相对容易一些的科目比如政治、地理等等选的人太多，导致全校的物理老师没事做，而政治老师不够用。事实上物理是2017年浙江省最多高校和专业要求的学科（81%），也就是说，选择了物理学科，就可以报考81%的专业。

中国所有大学是典型的专业教育，而非美国哈佛、耶鲁那种通识教育，而且理工科大学占比很高，比如清华大学、浙江大学、上海交通大学、中国科技大学等等，都是以理工科为特色的著名大学。理工科的大部分专业是以物理为核心的，比如电子工程、机械、材料、土木、航空航天等等，所以，大一新生都是全校统一学习"大学物理"，如果高中没有学过物理，或者物理学得不扎实，这门课是很难通过的，更不要说后面的专业学习了。

所以，才有后来的从大学理工科专业出发的倒逼高考方案再次改革：选择理工科专业的，物理强制必考，这与物理辐射理工科范围巨大不无关系。

在大学各个选考科目要求中，单限物理（即必须选考物理才能报考该专业）的专业大类共 613 个，占 985 大学全部 1376 个专业类别的 44.5%，位列第一，且超过了不限科目的专业数量。若统计小专业，这个比例肯定会更高。

更值得注意的是，各大名校的理学、工学相关专业几乎全部单限物理，理工科名校如清华大学、浙江大学、上海交通大学等单限物理的专业数量都在 80% 以上，中科大更是 100% 全部专业单限物理。

由此可见，不学物理，很难选择高校的理工类专业，包括时下最热门的计算机信息类，人工智能类，航空航天类等，物理仍然独霸天下。

在 2019 年 5 月 13 日教育部下发的《普通高校本科招生专业选考科目要求指引》中，共有 46 个专业大类必考物理，涵盖理学、工学、农业、医学、管理学等社会需求量最多的专业。这还只是教育部划定的一条底线，各高校在制定选考科目要求时，将有更多的专业类被限定为必考物理，尤其是高水平大学。

学科门类	本科专业类	内设专业
理学	数学类	数学与应用数学，信息与计算科学，数理基础科学
	物理学类	物理学，应用物理学，核物理，声学，系统科学与工程
	化学类	化学，应用化学，化学生物学，分子科学与工程，能源化学

学科门类	本科专业类	内设专业
理学	天文学类	天文学
	大气科学类	大气科学，应用气象学
	海洋科学类	海洋科学，海洋技术，海洋资源与环境，军事海洋学
	地球物理学类	地球物理学，空间科学与技术
	地质学类	地质学，地球化学，地球信息科学与技术，古生物学
	生物科学类	生物科学，生物技术，生物信息学，生态学，整合科学，神经科学
工学	力学类	理论与应用力学，工程力学
	机械类	机械工程，机械设计制造及其自动化，材料成型及控制工程，机械电子工程，工业设计，过程装备与控制工程，车辆工程，汽车服务工程，机械工艺技术，微机电系统工程，机电技术教育，汽车维修工程教育，智能制造工程
	仪器类	测控技术与仪器，精密仪器
	材料类	材料科学与工程，材料物理，材料化学，冶金工程，金属材料工程，无机非金属材料工程，高分子材料与工程，复合材料与工程，粉体材料科学与工程，宝石及材料工艺学，焊接技术与工程，功能材料，纳米材料与技术，新能源材料与器件，材料设计科学与工程，复合材料成型工程
	能源动力类	能源与动力工程，能源与环境系统工程，新能源科学与工程
	电气类	电气工程及其自动化，智能电网信息工程，光源与照明，电气工程与智能控制，电机电器智能化，电缆工程

学科门类	本科专业类	内设专业
工学	电子信息类	电子信息工程，电子科学与技术，通信工程，微电子科学与工程，光电信息科学与工程，信息工程，广播电视工程，水声工程，电子封装技术，集成电路设计与集成系统，医学信息工程，电磁场与无线技术，电波传播与天线，电子信息科学与技术，电信工程及管理，应用电子技术教育
	自动化类	自动化，轨道交通信号与控制，机器人工程，邮政工程，核电技术与控制工程
	计算机类	计算机科学与技术，软件工程，网络工程，信息安全，物联网工程，数字媒体技术，智能科学与技术，空间信息与数字技术，电子与计算机工程，数据科学与大数据技术，网络空间安全，新媒体技术，电影制作，保密技术
	土木类	土木工程，建筑环境与能源应用工程，给排水科学与工程，建筑电气与智能化，城市地下空间工程，道路桥梁与渡河工程，铁道工程，智能建造
	水利类	水利水电工程，水文与水资源工程，港口航道与海岸工程，水务工程，水利科学与工程
	测绘类	测绘工程，遥感科学与技术，导航工程，地理国情监测，地理空间信息工程
	化工与制药类	化学工程与工艺，制药工程，资源循环科学与工程，能源化学工程，化学工程与工业生物工程，化工安全工程，涂料工程
	地质类	地质工程，勘察技术与工程，资源勘察工程，地下水科学与工程

学科门类	本科专业类	内设专业
工学	矿业类	采矿工程，石油工程，矿物加工工程，油气储运工程，矿物资源工程，海洋油气工程
	轻工类	轻化工程，包装工程，印刷工程，香料香精技术与工程，化妆品技术与工程
	交通运输类	交通运输，交通工程，航海技术，轮机工程，飞行技术，交通设备与控制工程，救助与打捞工程，船舶电子电气工程，轨道交通电气与控制，邮轮工程与管理
	海洋工程类	船舶与海洋工程，海洋工程与技术，海洋资源开发技术
	航空航天类	航空航天工程，飞行器设计与工程，飞行器制造工程，飞行器动力工程，飞行器环境与生命保障工程，飞行器质量与可靠性，飞行器适航技术，飞行器控制与信息工程，无人驾驶航空器系统工程
	兵器类	武器系统与工程，武器发射工程，探测制导与控制技术，弹药工程与爆炸技术，特种能源技术与工程，装甲车辆工程，信息对抗技术
	核工程类	核工程与核技术，辐射防护与核安全，工程物理，核化工与核燃料工程
	农业工程类	农业工程，农业机械化及其自动化，农业电气化，农业建筑环境与能源工程，农业水利工程，土地整治工程
	林业工程类	森林工程，木材科学与工程，林产化工
	环境科学与工程类	环境科学与工程，环境工程，环境科学，环境生态工程，环保设备工程，资源环境科学，水质科学与技术

学科门类	本科专业类	内设专业
工学	生物医学工程类	生物医学工程，假肢矫形工程，临床工程技术
	安全科学与工程类	安全工程
	生物工程类	生物工程，生物制药
	公安技术类	刑事科学技术，消防工程，交通管理工程，安全防范工程，公安视听技术，抢险救援指挥与技术，火灾勘查，网络安全与执法，核生化消防，海警舰艇指挥与技术
农学	动物生产类	动物科学，蚕学，蜂学
	动物医学类	动物医学，动物药学，动植物检疫，实验动物学
	水产类	水产养殖学，海洋渔业科学与技术，水族科学与技术，水生动物医学
医学	基础医学类	基础医学，生物医学，生物医学科学
	临床医学类	临床医学，麻醉学，医学影像学，眼视光医学，精神医学，放射医学，儿科学
	口腔医学类	口腔医学
	中药学类	中药学，中药资源与开发，藏药学，蒙药学，中药制药，中草药栽培与鉴定
	法医学类	法医学
管理学	管理科学与工程类	管理科学，信息管理与信息系统，工程管理，房地产开发与管理，工程造价，保密管理，邮政管理，大数据管理与应用，工程审计

要求必选物理的专业类如下表所示：

在美国高校读工科的学生中，三分之一以上是外国留学生，其中最多的是中国和印度的留学生，美国大学有些工科专业的外国留学生比美国学生的数量还要多。在硅谷众多的高科技企业中，中国或印度的工程师是主力。

所以，这才有STEM专业的留学生有36个月的OPT（Optional Practical Training）的期限，大大方便STEM专业留学生在美国的就业，而其他专业只有12个月的OPT。这个政策，美国政府也就是希望能留住大量的STEM外国留学生，补充本国工程技术人员的短缺。

选择去国际学校读书的孩子中，大部分是有出国打算的，而在众多国家中，很多留学生会选择美国。如果以后想在美国工作，读个文科、商科在美国找到工作容易吗？文科、商科的职业与人打交道的居多，文科、商科需要相当的西方文化沉淀，这些沉淀不仅仅来自书籍，也来自生活的环境。

如果我们再细心查看一下美国教材（或者英国教材），就会发现另一个震惊的事实：外国中小学课程没有教辅，更确切地说，是理工科没有教辅。他们的语文教辅还是不少的，比如阅读理解的书籍也是遍地都是，分层分级，从绘本到名著。但是，理工科，少得可怜。

还是以美国高中物理为例。普通物理教材，每章后面大概有20个题目，包括选择题和计算题。AP物理有布朗（Barron）和普林斯顿（Princeton）出版社的备考复习书，也是每章后面大概有20个题目，包括选择题和计算题。然后，你就再也找不到练习题了。

相对于国内的题海战术，美国是另一个极端：学生想学习，想练习，却找不到习题。

学生很难会因为做过 3—5 个受力分解的题目就能深刻理解力与速度、加速度的关系，几百年的牛顿经典力学也不是随随便便就能学会的，更不要说抽象的复杂电路中的电流电压和电容电感了，量子部分更是难以理解。

什么叫定义？自然学科中的定义，那是非常严肃的，一个字不能多，一个字也不能少，大部分的选择题实际上就是对定义的深入剖析。看看国内的题海，一个定义能产生出几十个题目，正着出，反着出，归纳法，演绎法，充分条件，必要条件，如此这般，学生才能掌握这个定义。如果就教材后面练习过一到两次，学生能掌握吗？恐怕会很难。

我儿子所在的美国公立高中，就因为选修物理的人数太少，没有开设这门课，他只能在家自学美国高中物理。没有教辅，没有足够的习题，只能重新回到国内，把国内的高考物理卷子拿来练习，反正知识点是相通的，只是语言上的不同而已。这样的学习显然是有很大缺陷的，尤其是缺了实验这一大块，所以，在他大学读电子工程专业，学习"数字信号"等相关专业课程时，难度极大，压力大到因失眠而大把大把地脱发。

上海小学数学的《一课一练》，现在已经翻译成英文，在英国小学推广，想必英国也已经认识到理科大量训练的重要性。

虽说 AP 物理 C 是用微积分来求解力学和电磁场，好像比中国高中物理难，但正是因为我们残酷的应试教育，随之而来的题海战术，体制内学生的物理掌握得非常扎实。我们的初中物理几乎可以媲美美国高中的普通物理，高中物理更是全面碾压 AP 物理，最多加一点点的微分和积分初步知识，就足以应对 AP 物理 C。只要学一点点物理术语，AP 物理 5 分那就是手到擒来。我碰到不少国内公立高中的学生拿 AP 物理 C 满分的，就突击了一个月的物理术语，他们可不是读的国际高中。

毋庸置疑，国内学生最扎实的就是数理化基础，去国外大学理应发挥优势，扬长避短，选择 STEM 专业。匪夷所思的事来了，中国留学生居然一窝蜂地去了商科、金融、计算机。

不管是美国，还是回国，哪种专业最容易就业？什么专业需求量最大？

倾尽家财送孩子出国留学，还是扎扎实实地学点技术为好。

美国前总统特朗普为什么要限制中国学生选 STEM？越是他们限制的，我们越是要去学。

如果你送你的孩子去美国读高中，或者在中国读国际学校，一定会碰到这个问题：物理没有国内的学生扎实，即使你在 AP physics C 拿到的是 5 分。

如果不相信，你可以随便拿一个省的物理高考卷子给你孩子做，拿到 AP physics C 的 5 分能不能及格？

数学、物理和化学对孩子的影响是深远的，学好数学、物理和化学，会使孩子们受益无穷。

大幅提高语文阅读量

母语决定了你是谁、你从哪里来，而不是你的肤色和国籍。

2019 年 2 月 23 日的《经济学人》一篇社论指出："用母语学习的孩子，在其他学科上的表现都优于国内的全英文教学。""母语影响一个人第二语言的学习和他的思维深度"，英语上的成就完全取决于你的汉语水平。

一个人可以精通多种语言，但是母语对我们的影响是伴随一生并且根深蒂固的。一个思辨能力强的人，往往有着深厚的母语功底。投射在写作上，可以看到几乎所有的作家用的都是母语。

母语是一个人的精神家园，跨文化的国际交流能力首先必须扎根于自身文化的基础上。培养一个孩子的国际化思维，学英语是为了"国际化"，而学好中文才是"思维"的基础，没有深度思考的能力，又何谈国际化呢？就像老话说的，民族的才是国际的。

散文名篇《最后一课》的法国小说家都德曾经说："母语是民族的标志和象征，一个民族的语言是一个民族的灵魂。"所以过分强调英文的重要性，让孩子学习"双母语"是存在文化悖论的，父母让孩子学习母语不仅遵循了语言的发展规律，也更符合孩子的天性。

什么是教育？老百姓有一个最朴实的说法：孩子上学，就是"去读书"。引导学生读书，是教育的根本职责。

中小学教育是干什么的？一是培养学生读书的兴趣，二是教给学生好的读书方法，三是养成读书的习惯。

读书，这种底层但能受益终生的习惯培养，将使我们的内心足够富足安定，换句时髦的说法，读书就是为了安顿好我们的灵魂。

中国12年初等教育最为诟病的，也是中美教育的巨大差异之一，就是我们的学生普遍缺乏阅读量，学生多沉浸在题海和考试中，接触的多为教科书和辅导材料，没有时间阅读文学、哲学、历史以及科普类书籍。

我们教育的一个问题就是大家读书少，老师读书少，学生也读书少。比如说，大多数老师几乎只读教学参考书，学生也几乎只读教辅书，学校里和学校外大多没有自由阅读的空间和时间。

作为教材课本的单一性和功利性，远远不能满足一个孩子大脑成长的需求。只有博览群书、海量阅读古今中外的名著经典，广泛涉猎百科常识书籍（如天文、地理、历史、物理、化学、生物、哲学、艺术等等百科知识），才可以让我们孩子的智慧不断成长，最终形成一种强大的持续发展能力。阅读最重要的是给予了孩子智力上的自由、从不同角度去理解和思考事物的能力，而不是困在片面的单一认知中。

这个时代的天才发明家和企业家之一，特斯拉公司的老板马斯克，从小嗜书如命。周末的时候可以一天读 2 本，三年级的时候就啃完了《大英百科全书》，凭借这种速度，他几乎读完了学校及附近图书馆里的所有书，15 岁时探索宗教和哲学，读尼采和叔本华，后又热衷于《银河系漫游指南》《魔戒》，阿西莫夫的《基地》系列等，涵盖各种学科和领域的知识。

清华附小校长窦桂梅曾说："不阅读的孩子，基本上已经具备了'差生'的潜质。许多父母知道买昂贵的学区房，却不知道自家的书房才更能让孩子赢在起跑线。"

很多年轻的中国父母们还在执着于给孩子疯狂补习数学、物理、英语，却忽略了孩子语文方面的提升，觉得读课外书不如做题。数理化提分快，语文是个"慢活"，阅读的效果不能马上反映在成绩上，功利主义驱使，最终可能适得其反，丢了西瓜捡了芝麻。这里并非想引起焦虑，只是想提醒各位还在埋头"鸡娃"的父母，一场针对阅读和语文的教育改革已经在悄声无息地发生了。

美国小学生每天都有阅读课，每个班里都有图书角，从三年级起每年大约增加词汇 3000 个，主要通过大量阅读来积累，而非课堂教学。

另外，现在的很多学生课余时间消耗在影视和网络阅读上，比如手机上的各种公众号。为什么现在的人很难静下心来读完一本完整的书？因为这种快餐式、碎片化的网络阅读不仅耗费了我们大量宝贵的时间，而且还像相声小品一样，其即时性的愉悦感对青少年具有巨大的诱惑力。虽然一定程度上提高了青少年阅读的兴趣，但局限也是明显的：阅读的碎片化、认知的碎片化、知识的碎片化。比如抖音，其短视频的推送都是通过海量数据来抓取人性、个性的特征，然后精准推送到你手机上。

你的阅读被"刷选"了。长此以往，这种被动阅读可能会限制我们的主动思考能力，从而自己无法有效筛选信息，拓展自己的认知边界。

这可能也是大数据推送时代，个人需要保持清醒，多一些有效对抗的原因。

英国首相丘吉尔曾说："宁可失去一百个印度，也不愿失去一个莎士比亚。"如果列一个莎士比亚忠实读者的清单，上面会写满如雷贯耳的名字：歌德、狄更斯、雨果、丘吉尔、霍金、鲁迅、金庸……

莎士比亚是近现代叙事文学的奠基者，也是难以超越的巅峰。其作品涵盖了世间所有主题：爱情、复仇、历史、战争……后世 400 年内的经典名著，无不从中借鉴。凡是写爱情的，成就超不过《罗密欧与朱丽叶》；写复仇的，超不过《哈姆雷特》。莎士比亚一生所写悲剧 10 部，喜剧 14 部，它们是对人类两种命运走向的总结，有历史的深刻、哲学的辨思、政治的谋略、心理学的洞察以及诗人的浪漫。

所有欧美国家的高中生都要阅读莎士比亚的书，就一本

《哈姆雷特》，需要学习至少一个月，外加话剧排练。没有例外。

我们的高中生如果没有在课堂上学习过莎士比亚，将是个巨大的损失。世界文学史上伟大的作品很多，《堂·吉诃德》《悲惨世界》《欧也妮·葛朗台》《大卫·科波菲尔》《战争与和平》《约翰·克利斯朵夫》《老人与海》等也都是经典，经典阅读如果不读原著，只读片段，只读别人的评论，容易失之偏颇。

我国语文教材中长期选取经典名著中的某一段来精读，不妨引导学生拓展到全书的阅读。

西方发达国家对中国的全面围剿已经是必然的长期趋势，我们要突破这个重围，首先需要认识西方，了解西方，最直接、也最有效的方法就是从阅读西方经典著作开始，这些著作必然是西方文化的载体。

一个年轻人给杨绛先生写信抱怨社会太浮躁，先生在回信中说："你的问题主要在于读书不多而想得太多。"

在2010年，美国麻省理工学院一个著名教授曾预言纸质书将在五年内消亡。但是，实际上走向了反面，2017年英国纸质图书销售额增长4.9%，销售量增长2.3%，连续两年上涨；美国纸质图书销售额增长3.3%，连续第三年上涨。数字化的巨浪，并没有一下子掀翻纸质书这艘小船。更多的研究报告指出年轻一代的阅读习惯是造就这一趋势的主要驱动力。

这个世界有比电子产品更好的，那就是书籍，是实实在在的纸质书而不是电子书籍。我也是纸质书籍的绝对推崇者，就是喜欢闻淡淡的墨香，听沙沙的翻页。

一本书，一杯茶，邂逅一个黄昏。

每个人都有体会，要想读得进书，心一定要静下来，至于是闹市还是书房，车站码头还是图书馆，读的是电子书还是纸质书，那都不要紧，关键是沉住气安下心，慢慢地一页一页翻过去。梭罗在森林深处的瓦尔登湖独居了两年两个月，简单，安静，倾听自己的内心，从而写出了举世闻名的《瓦尔登湖》。人要是不能慢下来、静下来，反省自己，积攒能量、总结经验，容易急功近利。

阅读是一件比跑步、健身、唱歌、跳舞更难的事！因为需要静，心静。

对人生而言，学会静，安于静，是一笔宝贵的财富，阅读就是让我们静心去躁的最佳良药。阅读可以让我们放下生命中不必要的累赘，断离过分的欲望，舍弃无用的社交。删繁就简，在书中遇见更好的自己。

书籍有着强大的能力把你带出自我，进入别人的思想。这些书籍对这个世界展示的丰富性、多样性和复杂性，能帮助我们更好地认识自己，让我们更有存在感。就像路遥在《平凡的世界》中写道："通过不断地读书，才能认识到，只有一个人对世界了解得更广大，对人生看得更深刻，那么，他才有可能对自己所处的艰难和困苦有更高意义的理解；甚至也会心平气静地对待欢乐和幸福。""书把他从沉重的生活中拉出来，使他的精神不致被劳动压得麻木不仁。"

实际上，当阅读量大到一定程度的时候，那些深厚的知识底蕴就会自然而然地内化成为自己的知识，你会发觉这世界上很多道理都是相通的。

文学，用文字来表达；音乐，用旋律来表达；绘画，用色彩来表达。但是，这三者的宗旨都是一样的：要么传递思想，要么表达情感。

所以，所有的艺术最后都是相通的，最后都要落实到阅读上来，所有的艺术家最后比拼的都是内在的文化底蕴。

中国新闻出版研究院曾公布了第十四次全国国民阅读调查的主要情况，2016 年中国人均阅读量为 4.35 本，而日本 40 本，韩国 11 本，法国 20 本，以色列 60 本。

联合国对世界五百强企业家读书情况进行调查统计的数据是，日本企业家一年读书 50 本，中国企业家一年读书 0.5 本，相差 100 倍。

相关国家每年人均购书量的数据是，以色列 64 本、俄罗斯 55 本、美国 50 本，而中国平均每人每年购书不足 5 本。

从这些数据可以明显看出，中国的人均读书量少得惊人，如果去掉教材教辅就不到 1 本。我们每天被大量娱乐化、碎片化的信息包围，很难再耐心去通读一本书，对真实情况缺乏连贯、清晰、透彻的了解，也很难从中看到事情的全面。

以上是国际间对比，中国和发达国家在阅读力上差距巨大，但是国内对比，数据也是惊人。国家统计局公布的 2018 年全国时间利用调查公报显示，收入越高的居民阅读书报期刊的时间越多，高收入群体中 21% 有阅读行为，而低收入群体只有 6.6%

有阅读行为。

杜甫说"文章千古事"。文学，作为人类文明重要的组成部分，如果这些重要的文字被忽略了，被遗忘了，甚至被丢弃了，是一件多么悲哀的事。

中华五千年的灿烂文明，有多少人读过呢？

大学，读书人最多的地方，阅读量恐怕也有问题。除了专业书，一些大学教授一年的阅读非常有限。项目考核，论文考核，教学考核，上班忙，回家忙，实在是抽不出时间读读"闲书"。

我的家乡，宜兴，被称为"教授之乡"，就是因为自古崇尚读书。作为中国著名的陶都，一把工艺大师的茶壶都在几十万元上下，遍布全城的制陶工作室，但是全城却没有一个书店。规模宏大的、造价过亿的图书馆鲜有人在那里阅读。茶壶，一个重要的文化载体，沉淀的一定是其中的文化，可是全城人民都不读书，制壶艺人不读书，哪里来的文化呢？没有了文化，大师就是匠人；没有了文化，茶壶就是一个装满水的容器。

我从来不买宜兴的茶壶，因为我至今没有看到一个喜欢读书的工艺师。

正如"部编本"语文教材总主编温儒敏教授说的，"语文高考最后要实现让15%的人做不完"。"新的语文教材要对教师学生有制约作用，比如文章后提供书目。这个书目不是可看可不看，你必须看，因为要与教师的语文教学和学生的评估直接挂钩，所以你想不看都不可以。""语文教学的病症在哪里？……就

71

是读书太少。""统编本语文教材有什么特色？最主要的就是'读书'为要。新教材专治不读书。""考试倒逼你读书。"

这次教改是全国上下从幼升小到高考，正在深入进行的一系列重大历史性教改。

提升语文高考的难度，实际上就是加大阅读量，有两大内涵：

首先，阅读速度，以前卷面大概7000字，现在是9000字，将来可能增加到1万字以上。

其次，阅读题量将大幅增加，哲学、历史、科技什么类型的内容都有。现在阅读的要求远远高出了语文教学平时教的那个水平。课外名著阅读将是必考内容，并有指定书目，阅读如果不从小抓起，高中临时突击将很难赶上。

最明显的变化就是，现在的小学一年级就会要求孩子每天在家必须阅读30分钟，这点跟美国小学的阅读要求完全同步。

从阅读速度和阅读量要求看，抓住了我国基础教育痛点，语文高考吸取了国外教育的优点。比如 SAT 的特点就是词汇量大、阅读量大，最普遍的感受就是来不及做。

如果以后的中考、高考卷子涉及指定的课外阅读内容，无论是哪种题型，你一定会去读那些书，不管你喜不喜欢，除非你不要那部分分数。为了引导学生深入细致地畅读原著，而不是看简写本，或者得过且过地瞄一眼，题目一定不会是简单的考察作者年代、身份，或者大家熟知的中心思想，出卷人一定会考察书中细节，比如谈谈某个配角的感悟，而不是主人公；

或者是结合给出的具体片段内容，评价人物或者作品语言特色；或者是对比同一作者的不同作品，探究作者的多种写作风格。

这些书，你不读，考试时是难蒙混过去的。不仅中考、高考要考，期中、期末和月考也一定会考，以带动你平时的阅读。

这些书，如果不在小学或者初中就读，想在高中突击读，不仅没时间，阅读能力也绝对不可能在短时间内一蹴而就。

2017 年，澎湃社曾经对全国高考状元做过一份问卷调查，调查的结果显示，80% 的状元爱好阅读，这一爱好位居所有兴趣之首。在澎湃新闻的问卷调查中，40% 的状元表示自己的偶像是作家。文学、历史、哲学、科幻，不少状元的阅读面都较为广泛。

所以，即便从高考、从务实、从提高分数的角度看，阅读同样有巨大帮助。

语文将王者归来，很可能超越数学、英语和理化，成为今后中考乃至高考的第一大学科。分值越来越高，难度也越来越大。

高考：北京高考语文由 150 分提高到 180 分。

中考：北京中考语文由 120 分提高到 150 分；浙江中考语文由 120 分提高到 150 分。

可以说，语文迎来了真正的春天，从过去"语数外"同等重要，到现在语文一家独大，既强调母语对中国文化的传承，也是中国日益强盛的国家意志需要。

母语的学习效率不仅要远远高于第二语言，而且母语更容易提升你思维的高度和深度。

语文能力，不仅仅指掌握的语文知识。语文知识包括诗词歌赋、历史文化、国学启蒙、古文现代文等；语文的基础能力包括记忆力、观察力、表达力等；高级能力包括写作能力、概况能力、抽象能力、分析比较能力等，语文的这个能力可以统称为阅读能力。这些核心元素几乎就是人类知识水平的最高体现。

在语文教学中，无论我们用什么样的手段，重要的都是将其作为文化和思想载体的语言，以及渗透在语言每一个细微处的生命力，提高学生的阅读理解能力。

至于很多在语文和英文之间的争论是不必要的，虽然英文与中文的表达逻辑上有差异，但本质上是一样的：都是阅读。语文不擅长的，英文也会学不好，因为底层的阅读能力是相通的，仅会背几个单词是没用的。

"得语文者得天下"，是因为我们的现实社会就是需要"语文能力"，或者说就是"阅读理解能力"。只有语文才能真正提高初等教育中学生的独立思考能力，思辨的基础就是语文，阅读可以丰盈我们的人生，产生更多的顿悟和灵感。

对于这次语文改革，民间反对声此起彼伏，学术界也有颇多争议，焦点主要集中在这三个方面：

第一，是不是给学生增负了。

这个问题，从中央到教育部到基层，全社会一直都在呼喊减负，都在呼吁"救救孩子"，但毫无疑问，我们的教育从小学到中学到大学，一直是带有选拔功能的，要想跨入下一轮更好的学校，只能向前跑，名额有限。

从 20 世纪八九十年代的 7 门课全考到现在的"3+1+2"或者"3+1"，江苏高考计成绩的只要 3 门，减负了吗？

上海的中考题目倒是简单了，直接与会考一张卷，那大家就拼满分，数学、理化（物理与化学合卷）满分的比比皆是，减负了吗？

所以，不管是考多少门，只要教育带有选拔功能，读书一定是不轻松的。

美国学生如果想进常青藤，不也是要苦读到半夜的吗？只是他们的才艺训练部分掩盖了考试分数，GPA 全 A，SAT 满分实在太多，不足以区分能力，他们吵着要减负吗？他们和我们一样，不相信天上掉馅饼，推崇 NBA 已故明星科比的"凌晨四点的洛杉矶"精神。

这个世界上真正读书没有压力的，实行快乐教育的只有北欧，因为你读不读大学、是不是名校、教授与清洁工，最后的税后工资相差无几，所以，大家都没必要往死里读，家长是绝对不会陪读的，因为"那是学校老师的事"。他们确实珍惜每一个孩子，因为全国每年也就几十万新生儿，一个班级也就十多个孩子。如果一个孩子不喜欢数学，老师不会认为是学生笨，而是反思自己的教学方法不对，没有引起学生的兴趣，他们会想方设法改进教学。

白岩松已经说得很明白了，"请不要再给中国孩子减负了！"高考当然不是完美的制度，但一定是当下最公平、最适合中国国情的制度。

第二，必读和选读的书目。

这点是值得商榷的。

毫无疑问，"四书"《大学》、《中庸》、《论语》、《孟子》一类古代经典是中华文化的璀璨明珠，但阅读这类书需要相当长的时间和相当深的文化积淀，最适合在课堂上研读，教师为学生作文字与意义上的必要疏解。现有的语文教材主要以单篇诗文的形态构成，已经承担起单篇诗文阅读的教学任务，语文课无力承担起阅读整部经典的教学任务，十多岁的学生也很难在课余凭自己的能力读懂读通这些鸿篇巨制。

比如路遥的《平凡的世界》，毫无疑问这是当代中国文学中最重要的作品。实际上对 1949—1979 年这段解放后的历史，在中国历史课上一直是避讳的，但如果不了解这段历史，学生根本就不可能读懂《平凡的世界》。

真正有意义的经典阅读，或者最有价值的阅读，应当是整部经典的阅读，简写本或者某一章都是不合适的，这就是为什么美国高中的语文课大多没有固定教材，课上直接阅读和分析某一整部经典作品，那些书直接就是教材，采取多种形式的分析，比如排话剧、辩论、写论文，当然也会做试卷考试，以加速理解。

所以，可以参考美国模式，在语文课之外单设一门阅读课程，这门阅读课程每周只开设两三节课，每学期只读两到三部经典，让老师和孩子们一同研读，慢慢读上一个学期，彻底抛弃语文教学现在的应试模式，或者索性让孩子每周在学校和老师无功利自由阅读一两个或两三个小时，期末只作简单测试。

绝对要避免的就是单纯的"刷题"，避免投机取巧的、或者功利性的、又或者是盲目而机械的阅读，做到真正消化这些书，成为自己的东西，然后在写作中活学活用，同时也给自己增加智慧。

不要总是认为 18 岁前是阅读或大量阅读经典与好书的最好时期。因为，绝大部分经典好书，其深层内涵必须等待读者有了一定阅历与思想深度才有可能把握。

实际上，阅读的黄金时期是在大学乃至人到中年以后。不论我们持怎样的观点，我们都应倡导终生阅读的教育理念，不必将诸多经典与好书提前纳入到中小学生必读或建议阅读的书目中，好书要与学生的阅历和认知相匹配。

在学生阶段，最重要的是让学生喜欢阅读、爱上阅读，培养良好的阅读习惯，走出校园后才能保持这个习惯。

第三，有效阅读。

理论上说，书读得越多越好。但人类发展到今天，即使是经典巨作，都已经让人目不暇接了，更何况每年还不断涌现新的好书，比如微软创始人比尔·盖茨每年的推荐书单。可以说，无论是经典还是好书，你穷其一生也是无法读完的。

所以，就实质而言，衡量一个人读书能力、水平以及质量究竟如何，最重要的不仅要看他读书是否很多，还要看他是否有效阅读。无论是以翻阅为主的泛读，还是以分析为主的精读，或者主题阅读，都需要在书中沉淀的基础上，与每一本书进行对话，加以吸收和升华。能够真正理解一本书的内容并灵活运用到我们的写作或者生活中实际上是件非常困难的事情。

我认为判断有效阅读的标准就是看其是否能从阅读中获得精神力量，也就是通过阅读能否反省自己、能否触类旁通、能否深入思考、能否提升执行能力。否则就可能迷失在茫茫书海中而难以自拔。

简而言之，有些人越读越聪明，有些人则越读越愚笨。

娱乐化的浅层次阅读是无效的，在孩子有一定的识字量后，就不要再给他们看绘本、简写本了。画面也会让孩子懒于思考，就像电视会让孩子变傻一样，我们要让孩子通过文字来产生画面感，通过文字来发展想象力。简写本只是告诉读者一个干巴巴的故事，没有了作者的人生感悟、环境烘托、背景描写，甚至很多细节都没有了，而这些才是一本书的精华，故事只是作者传递思想的一个载体。

我们要让孩子感受到文字的魅力、文字的力量，人类几千年的历史和文明就是通过文字来传承的，这也是阅读的目的之一。

有些人似乎读了很多的书，但既没提高写作能力，也没拔高自己思想，再庸俗点，也没提高考试成绩，似乎越读越愚笨。这个时候一定要多想想如何提高有效阅读，市面上这类指导书很多，比如日本的奥野宣之写的《如何有效阅读一本书》，总结了不少充实读书体验的技巧，最有名的就是边读边写笔记。

俗话说，好记性不如烂笔头，大家如钱锺书、季羡林都是在书上做大量批注的。再好的记忆力都抵不过时间，更何况是主动性不强、阅读方式又不高效的中小学生。对于学生来说，不记笔记就读书，是效率最低的行为，就好比两手空空上战场，结果可想而知。

这几年很流行的思维导图也是一种很有效的读书方式。故事的来龙去脉、人物的相互关系、写作上的逻辑结构，读完画出，好像还原作案现场。不少培训机构专门指导这种读书方法。

第四，是否书读多了，就自然而然地会写文章了？

从古至今都在说，熟读唐诗三百首，不会作诗也会吟，或者说，读书破万卷，下笔如有神，都在说量变到一定程度就会有质变。正相关是肯定的，不读书，或者少读书，肯定是不会写文章的，因为没内容可写。你的论点和结构只是你建好的文章躯干，文章的血肉是要靠引经据典来丰富的，不读书，怎么引用？

从阅读深度上来讲，写作是对阅读的最高层次的反刍。但是，阅读与写作之间还是有道巨大的鸿沟，否则人人都成作家了。乘的飞机再多，也不会开飞机，成不了飞行员。

如何跨越这道鸿沟，是个很宏大的命题，千古年来研究的课题，本书就不展开讨论了，以后有机会专门写一本，我自己也许就是这方面的一个典型。12年的初等教育我完全不懂作文，我的作文从来没得过80分以上，不是70分，就是75分，否则早就去清华了，高考就是败在作文上。但在我 48 岁时，突然领悟了写作：就是把自己的所思所想写出来，文采什么的不是太重要，读者看的是你的思想，就如我一个博士同班同学所述："文采好，好读一点；文采不好，拗口一点。我们看重的是你表达的思想。"

所以，阅读就是提高我们的思想，故事、情节什么的就是思想传递的一个载体。作为一个 30 年的典型工科女，以前我也是不读书的，为了弥补这个缺憾，提高自己的认识和见识，两年内我读了 100 多本书，然后我才有了这个自由表达的能力，获得了笔端的自由。

任何一部经典作品的阅读，都要从三个方面来分析或者批判：正面、反面以及中立。

我们首位获得诺贝尔文学奖的作家莫言的作品居然一本都没有入选中小学教材中，难道没有问题吗？社会上从来没有掀起对莫言作品的讨论热潮，大家不奇怪吗？《生死疲劳》是对 1949 到 1979 年这段历史的大胆写实，是作者站在地主的角度写的。解放初期的土改毫无疑问是打击了地主、富农、资本家，打击过头是肯定的，地主没经审判就被杀了，很多人是罪不至死。但如果站在农民的角度看呢？如果不是土改工作组的到来，我的母亲肯定是个文盲。如果不是土改，中国将有几亿的文盲，就凭这一点，土改就有其积极的一面。如果站在新政府的角度看呢？当时的中国一穷二白，生产资料全部掌握在地主、资本家手中，如果政府不从他们手中夺过来，怎么建设这个国家？

更何况发动农民参加革命的口号就是"打土豪，分田地"，革命结束了，是不是应该实现这个诺言呢？《生死疲劳》忽视了这些积极因素，类似的方方的《软埋》遭到下架也是同样的原因。

教育部推出了中小学各个年级的阅读书单，覆盖了中华民族从古至今的主要文学、文化精髓以及国外巨作，本本都是每个人一生必须一读的好书。当然，对于这份书单，争议颇多，无论是学术界、教育界，还是家长，或者普通大众，正如一千个人心中有一千个哈姆雷特一样，这不是本书讨论的焦点，但不容置疑的是，在高考指挥棒下，我们的中小学学生会因此读很多的经典，不管是不是被迫；也不容置疑，读书会、阅读培训、阅读比赛等围绕读书的指导也会风起云涌，会有很多的机构、很多的学校想方设法提高学生的读书效率；更不容置疑，会有很多的人努力把读书这件事尽量变得有趣，比如出绘本、办辩论、编戏剧。

因为没有一个国家会像中国一样，全社会都把孩子的教育放在第一位，而不仅仅是精英阶层。随着这批孩子的成长，将由这批孩子带动全社会进入一个全民阅读的境界，重塑中华民族的精神文明。

所有的语文教师都认为：学语文不阅读，再多的刷题和应试技巧也救不了你！没时间阅读怎么办？争分夺秒，见缝插针。欧阳修善于利用"三上"的时间读书，即"马上、枕上、厕上"，郑板桥读书则利用"舟中、马上、被底"的零星时间读书背诵。从小学阶段培养阅读习惯，一旦阅读习惯养成，阅读对孩子来说就像呼吸一样自然，根本不用家长督促，他们会自主抓紧一切时间阅读！

一旦充分认识到阅读对孩子的重要性，家长们一定会不遗余力地促进自己孩子的阅读，这种阅读是日积月累的，所有的补习班都是解决不了的。一个很好的办法是：家长自己读，带着孩子一起读，这也是有效阅读的最好办法。这些阅读肯定是没办法在课堂上完成的，只能在家读，现在的学生课业这么重，没有太多的时间用来阅读，要在有限的时间内做到高效阅读、有质量的阅读，家长的参与是最好的，家长丰富的人生阅历可以帮助孩子加深对书的理解，也可以指导孩子做笔记，与孩子一起探讨、研究书中人物、情节，甚至是激烈地争辩，把自己的阅读感想分享出来。

亲子阅读不仅仅限于幼儿园、不仅仅是小朋友的睡前阅读，在孩子长大后，高中、大学都可以继续。我认识一位美国的妈妈，在孩子上高中后，感觉跟孩子无话可说，没啥共同语言，后来她就读孩子阅读目录上的书，一下子拉近了母子间的距离，走入了孩子的心田。

当这个孩子长大成人，从小养成的阅读习惯就会伴随终生，养成终生阅读的习惯。阅读就是一种自然而然的习惯，在于日常积累，习惯成自然。

父母是孩子的榜样，孩子的行为规范都是父母生活习惯的写照。要让孩子爱上阅读，父母就要在家里创造一种爱阅读的氛围；让孩子爱上阅读，家长首先自己要大量阅读，带头阅读。

每个爱读书的孩子背后通常会有一个"书虫"家长。"爱阅读其实是孩子的一种天性，就像他们爱玩是一样的。家长要做的是，早早地把书籍引入他的生活。"教育专家尹建莉《好妈妈胜过好老师》中如是说。如果家长不是低头刷手机，就是坐着搓麻将，抑或追星追剧，当孩子看到父母的眼睛时时刻刻盯着屏幕，怎么可能喜欢上书本阅读？

　　诚然，功利心是阅读的大敌。如果阅读只是为了应试，那么孩子只会与阅读渐行渐远，违背了阅读的初衷。只想着功利的事情，只怕阅读就失去了原有的快乐，而一件事变得不快乐，就没有人愿意真正投入其中，更别提探究了。阅读不会让你富有，也不会让你在职场中晋升，甚至不能让你孩子的成绩立竿见影。

　　我们从书中得到的好处是不再孤单，开阔眼界，提升格局。阅读的真正意义在于使人深沉、丰满，对人生与世界有一种反思与探求的精神。阅读不同于学习，它是拥抱自我灵魂的过程。读一本好书，是可以和它同呼吸的，那一刻，内心很轻盈、很快乐。

　　书不会说话，但是书可以把世界打开给你；书不会择人，书本面前人人平等。

　　但，在目前略显浮躁的社会氛围中，高考是个很好的推动力，推动全社会为了孩子的语文成绩进入阅读世界。功利也好，初心也好，只要是读了，全民的素质就在提高，社会就在进步。所以，现在全社会只需要思考一件事：如何把大家拉回到书桌前，手段是什么不重要。

家长一定要深刻认识到，孩子如果只是"读过"，而没有"吸收"，那基本等同于"白读"，而且浪费宝贵的学习时间。如果不断成长的孩子是一棵树，那书籍就像阳光，"读过"相当于只是发生物理反应，物理反应是无助于成长的，还需要努力光合作用，把阳光变成自己的养分，把书中的知识转化成自己的"智慧"，那才是有效阅读。

养成不动笔墨不读书的习惯。写读书笔记有助于培养勤于思考的习惯，提高思维的条理性和深刻性，有助于加深对读物的理解、记忆。

要求孩子的阅读，一下子就把我国的全民阅读提了上去。著名央视主持人董卿说："一定要教会孩子的就是阅读的习惯，这是最起码的一点。"培养孩子的阅读能力就是给孩子的未来插上飞翔的翅膀。

"读书破万卷，下笔如有神"这是语文教学中的千年古训，也是我们现代人开展读书活动所遵循的原则，语文改革只是用政策强化了这点。

要感谢我们的高考制度，感谢我们的高考指挥棒。高考语文的改革在不远的将来，也许能助推全民回归到丰富、深刻的文字世界里，就像伏尔泰说的："文学就像炉中火，我们从别人那里借来火种，然后点亮自己，再去温暖他人。"希望大家都可以在书中找到属于自己的光。

回过头来看那些国际学校。

暂且抛开上海的美国学校、北京的哈罗英国学校等，那些纯粹的、真正按照国外模式教学的学校，这些学校主要是为在中国工作的外国人的子女设立的。这些学校的学费每年大多在30万元以上，不是普通工薪阶层能读的，同时也需要外国国籍。实际上，这类学校在中国非常少，主要集中在北上广等城市。

普通工薪阶层的子女读的国际学校，要么是某公立学校的国际部，要么是没有国籍限制、十二年一贯制的国际学校，学费普遍在10万元左右，这些学校受中国教育部监管的，一些中文课程是强制要学习的，比如语文、中国历史、中国政治等。这些学校不论是英国模式，还是美国模式，他们的课程体系也许是按照欧美展开，但如果去看他们的英文课，即他们的语文课，可能会惊讶地发现也许还不如我们体制内的公立学校，随着我们语文教育的改革，将来也许更不如。

欧美国家语文教育最大的亮点就在于大量的课内外阅读，从小学一年级开始到十二年级结束，阅读贯穿始终，这也是我国语文教育改革的动力之一。

但是，我们去看看那些国际学校的阅读清单，他们的阅读量估计不到美国同龄学生的五分之一，以后也将远远低于国内同龄学生的阅读量。

为什么会这样？我们来看看原因。

先来看看这些外教。

在美国本土高中的英语教师大多出自英文文学类专业，同时还要获得教育学硕士。放眼中国的国际学校的英文外教，有多少满足这两个条件呢？

口语流利就能来上课教学？英文，那是他们的母语，有母语不流利的吗？美国任何一个菜市场大妈、超市收银员的口语都比我们英语专业的强，他们能胜任教学吗？

其次，再来看看中国籍的英语教师。

不论是中国大学的英语专业毕业，还是去美国读过大学的，他们的智力和能力倒是能够胜任教学了，但是如果去看看他们的成长经历，去看看他们的阅读量，他们的阅读量也堪忧。美国本土高中生的必读书目，他们读过吗？自己都没读过，如何指导学生？他们能胜任吗？英文阅读毕竟没有母语来得畅快。

大家不妨去问问国际学校的学生，有多少读过美国高中生的必读书单？

高考英语如果考口语

2021年4月9日德国《慕尼黑水星报》文章称，中国年轻人正在疏远西方文化。中国年轻人一直以来都是推动中国向西方学习的力量，现在，他们不仅对美国的对华政策感到愤怒，也对西方社会和政治思想感到不满，中国年轻人对西方不再盲目膜拜。

首先，最近美国发生的针对华裔的仇恨犯罪引发中国国内的广泛关注。从中国人的角度来看，这揭示了盎格鲁－撒克逊文化中"白人至上"的意识形态。其次，中国年轻人发现，西方国家应对新冠肺炎疫情的措施迟钝，效果很差，这使许多人相信西方的社会制度无法解决重大问题，也证明了中国模式的优越性。许多受过良好教育的留学生们开始返回中国。最近一些西方品牌因为所谓的人权问题发表不用"新疆棉"的声明，更引发了中国人的愤怒，涉事品牌也遭到抵制。

不膜拜是理性，但，疏远不是一种好现象。

就像中国中央政府说的："美国想跟我们脱钩，倒逼我们更大的开放。"开放需要交流，交流即为语言，这与自尊无关，所以，无论高考怎么改革，无论争议有多大，英语都应该是必考科目。没有英语的学习，我们的改革开放发展就会慢很多，不学习别人的长处就真的会封闭自己的，很多人不知道这是国家从民族发展的角度来普及英语。

反过来看，虽然美国前总统特朗普在政治和经济上反复打压抹黑中国，但他外孙女的中文一直在精进中。金融大鳄吉姆·罗杰斯的两个女儿更加厉害了，中文成语、古诗词信手拈来。

懂中文，才能懂中国。

懂英文，才能懂欧美。

语言即文化！文化即交流！交流即能力！学习英语的过程就是从欧美人的角度来看待世界，学习和理解欧美人的逻辑思维。就像 2020 年 4 月的"原油宝穿仓"事件，原油期货合约居然为负数，突破了人类思维底线，华尔街精英绝对值得我们学习。

试想这么一个场景：如果中国有 3 亿人英语流利，美国就 3 亿多人口，也就是相当于全部的美国人口既会母语中文，还精通英语，暂且不论政治制度、教育体系等等，就这一点，美国以后所有的总统及政治精英们梦中都要被吓醒。因为学习一种语言，就是在读这个国家，读这个民族，在读他的价值观，读他的文化。

这难道不是我们的一个巨大优势吗？

反过来，美国根本就不可能。感谢我们的老祖宗，中文是世界上最难学的语言之一，中文跟西方语系是完全不同的体系。美国及其西方国家对中国的长期轻视以及白人先天的优越感，他们不屑于学中文，不屑于"远东的中国"，他们中真正会中文的人少之又少。

在文化的结合上，我们占了很大的优势。懂英文的中国人远比懂中文的美国人多，我们欣赏美国的艺术和思想远比美国人欣赏我们的来得有深度。

为中华之崛起而学英语，英语的学习比任何时候都重要。

英语为什么这么重要呢？

无论是一战前的英国，还是二战后的美国，都是当时世界上的霸主。无论当时这个世界是单极化，还是二极化，这些霸主国家左右了这个世界的文化、金融、科技甚至秩序。英国和美国都是英语国家，因此世界上的国际法则、规则都是用英语写的，国际杂志都是用的英语，国际会议也都是用的英语，英语自然而然成了国际语言。

比如《海商法》，航运领域的国际法规，源自于英国，当然是用英语写的。虽然我国是航运大国，全球集装箱吞吐量前10名的港口，我国要占7个，同时也是全球船舶制造大国，但是所有的国际航运纠纷必须采用《海商法》，除了要熟悉英国法律体系，英语更要精通，法律条款可是锱铢必较的。在全球航运中心可能要从伦敦转出的未来，新加坡除了马六甲海峡的地理优势，英语也是其一大优势，因为英语是新加坡的官方语言，上海在语言上明显不占优。

另外，英语语法基于日耳曼语源，即印欧语系－日耳曼语族下的语言。典型的日耳曼语言就是德语（德国就是日耳曼民族），世界上讲德语的地区也很多，除了德国，还有瑞士、奥地利、卢森堡以及意大利的一些地区、比利时的德语区等。以德语为母语的人，大多英语也很好，因为语言同宗，属于一个语系，学起来很容易。比如"结束"这个单词，英文用"end"，德文用"enden"，而且"enden"的发音跟"end"极其相似，只是听起来生硬一点（这跟日耳曼民族固执的个性神似）。

这就跟我们中国人学日语也特别容易是一样的，日语是在中文的基础上发展起来的，单独看字，也知道个八九不离十，不会日语也能在日本畅通无阻。

正因为如此，一百多年下来，英语就成了毫无疑义的世界通用语言。发达国家除了日本、韩国等亚洲国家，北美、欧洲、大洋洲，英语即使不是母语，也能熟练使用，几乎全民都会。

所以，任何一个国家如果想跟世界接轨，想参与全球产业链，想在世界上发出声音，这个国家的人民就必须学好英语，这已经与考试无关。

"外国语言文学是要学习外国语言的同时，研究世界各国的文学、历史、政治、经济、文化，以促进用这种语言进行国际间文化、技术、经济等的交流的一门学科。"语言是文化的使者，我们就是通过英语的学习认识西方文化。杨绛在《最贤的妻，最才的女》中说："英语是看世界的窗口，多一种语言能力，就多一种可能。"苏联心理学家维果茨基认为社会文化背景在学习中至关重要，学习是学习者社会交往的过程，离开情景，离开社会文化背景，学习的效果会大大减弱。

所以，学习一门外语，不仅仅是开口说话、会单词、会语法，更是学习其背后的文化和文明。中国改革开放后的20世纪八九十年代，美国每年向中国义务派遣了大量的英语教育工作者，必然涉及价值观的输出以及民主、自由思想的传播，不得不说夹带着某种政治目的，直白地说，就是想从文化和价值观上和平颠覆中国。

中美贸易根本就不是所谓的中西方意识形态的对决，更不是特朗普所谓的"在中美贸易中，美国长期吃亏"的谬论，而是中国的崛起威胁到了其霸主地位。试想，如果是处于同一意识形态及文明基础的德国或英国想挑战美国的权威，美国会不会打击？

在未来10年或者20年，我们的GDP总量超越美国是个大概率事件，这样的格局形态意味着中美之间的战略竞争将更加激烈，除非我们不想过好日子，不想挺起胸膛站起来。我们冲锋陷阵，披星戴月，就是为了让中华民族崛起。

中美之间的斗争将持续相当长的时间，如果不想屈从于霸主，首先就要深刻了解霸主，知己知彼，才能百战百胜。正如华为总裁任正非先生所讲，"我们要解决在西方遇到的问题，首先要充分认识西方的价值观，站在他们的立场去理解他们"。

认识和了解一个国家和民族，最好的方法就是学习他们的语言，因为语言和民族基本是同一体的。语言、文化和民族三者息息相关，这三者又和地理、历史、政治有着千丝万缕的联系，语言的学习实际上就包含了几乎所有人文的内容。

英语是如此重要，不知道所有年轻的中国父母有没有想过这个问题：如果中国高考的英语考口语，比如接近托福或者雅思的模式，会对你孩子的教育有什么影响？或者说，你是否会调整你孩子的教育轨道？

北京、上海将率先推出口语考试，也许开始会比较简单，以考察日常对话为主，肯定比托福和雅思容易，但是，相信慢慢地就会向托福和雅思靠拢。

不用担心，在高考指挥棒下，全国学生的口语会大幅提高，一举改变以前的"哑巴英文"，学生、学校、家长、各大培训机构会全面发力的。随着互联网技术，尤其物联网的助力，即使是山区的孩子也会慢慢跟上。

口语上来了，听力还会差吗？

口语、听力上来了，原来的阅读和写作就更不是问题了，那本来就是我们英语教育的长项。

结果就是，公立高中毕业，慢慢就达到了托福和雅思的要求。

因为高考方案无论怎么改革，7门全考，或者"3+3""3+1+2"，英文都是必考科目，总是跟语文和数学在一起的，最多分值低一点，比如，前两个120分或者150分，英文100分，仅此而已。

在外语学习上，中国是世界上英语学习人数最多的国家，约有3亿多英语学习者，相当于美国总人口。印度英语也很好，因为英语是印度的官方语言，虽然口音严重——带着浓浓的咖喱味。

现在一、二线城市的不少孩子，英语启蒙几乎就是和中文识字同时开始的，就像乐高玩具一样，是不少家庭的标配，中文故事与英文绘本是同时开始的。城市幼儿园的孩子很少不认识26个英文字母的，甚至有一些幼儿园毕业时英文词汇量1000个左右，达到了原来小学毕业要求。

从应试角度，哪种英语考试模式是最紧扣应用的？

托福和雅思。

这是设计科学、严谨的语言考试，是为母语非英语国家的学生进入到英语国家学习进行的考试。我们的这些学生入学美国大学后，完全与美国学生一起读书生活的，是没有过渡期的，教授们也不会因为语言问题而对你网开一面，或者放慢教学进度的。

托福和雅思就是为这个准备的，所以，考试分听、说、读、写四个部分，完全对应于一个语言的四个应用方面，这才是真正的外国语的考试。

那我们的英语学习和教育怎么样呢？是时候回过头来看看我们初等教育中的英语部分了。

中国的义务教育规定小学从三年级开始学习英语。但是全国各地情况不完全一样，发达地区可能从小学一年级就开始学英语了，像北上广深这种一线城市，基本上从幼儿园就开始了，中文与英文几乎同时启蒙。

毋庸置疑，我们的初等教育是完全围绕高考指挥棒转的，高考考什么内容，就学什么内容，高考考什么能力，就训练什么能力。高考关系着每位学生的未来，也承载着每个家庭的希望，高考政策是全国人民关注的焦点。

英语学习的最终目的是为了用，而不是为了考试，全国人民都知道。但，奇怪的是，英语高考政策改变了方向。

如果只考笔试，毫无疑问，全国学生的英语容易停留在"哑巴"英语的水平上。投入了12年，精力和金钱无数，最终却开不了口，这是一种怎样巨大的浪费！

外国人不明白，多数中国学生为什么学了12年的英语，却连基本的日常对话都不会，迪士尼的原版动画片都看不懂。

所以，才有后来的高考中加入听力部分。

不幸的是，自2005年开始，英语高考居然取消了听力。在2005年就有浙江、陕西、贵州、甘肃等14个省取消了英语听力测试，2006年这一趋势更是全国开花，许多观望的省份也是跟得飞快。

"减负"可能是首要原因。与笔试相对应的，听力也是需要花费很多时间去练习的。如果高考不考察听力，这无疑是大大减轻了同学们学习的重担。因为我们都知道，听力水平不可能一蹴而就，而且如果一段时间不训练，听力马上快速下降。如果一个寒假或一个暑假没有坚持，开学后听力水平不仅打回原形，甚至不如以前。从时间和精力上的投入回报来看，要远低于笔试，也很难临时突击，是需要长时间的练习才能不断提高的。不仅需要大家熟悉美式、英式发音，还要求大家对于单词句子的连音、重音、习惯用法相当了解，甚至需要知道一定量的俚语。

再者，可以避免发生高考安全事故。英语听力测试对客观环境的要求比较高，考试部门难以完全保证本省几十万考生都能在整齐划一的环境中参加考试，这在一定程度上也影响了考试的公平性。若因听力设备故障而影响考生的成绩，显然有损考试的公平正义，对相关考生及家长也会造成心理伤害。

事实上，这样的考试安全事件，几乎每年都有不同程度的发生。2015年，因英语听力播放设备故障，6月8日下午在芜湖市田家炳实验中学高考考点参加考试的考生们无法听清考题。考试结束后，有两个考场的考生以拒绝交卷的方式表示抗议。

另外，一个看似正义的声音是，对农村学生来讲，取消英语听力对他们似乎更公平。农村不仅严重缺少发音标准、专业培养的英语老师，也缺少针对性的英语培训机构，家中父母可能既缺乏英语素养，也缺乏国际化眼光。硬件、软件似乎都对农村学生不利。但，取消听力可能让农村学校更加堂而皇之地取消听力教学，即使考上大学，要面临大学英语学习更大的挑战和困难，与城市学生的距离拉得更大。

农村的孩子、家庭条件不好的孩子学英语，实际上有个简单易行的办法：学习和背诵《新概念英语》，语音语感都有了，低成本、效率高，书本和录音到处都是，完全不需要上几百元一节的网上一对一外教课。

还好，英语教育将在高考指挥棒下回到"为用而学"的正确轨道上来。

在最近一轮的高考改革中，英语也是变化最大的，不少省市采用了一年两考，或者高三学年下学期考两次，取最高分计入最后高考总分的办法，给了众多考生更多的希望。

从 2021 年起，高考英语科目将纳入口语考试，口语加听力考试总分共计 50 分，英语科目分值保持 150 分不变。

"本次改革就是从考试的角度切入，来治疗英语教学的痼疾"。让学校的英语教育从应试的泥潭中解脱出来。

除了应试，英语口语的练习实际上对培养学生的个性也很有用。比如，自信，之所以我们做了这么多年的哑巴英语，就是大家不敢说，怕说错。为什么印度人在美国要比中国人受欢迎得多？为什么他们能在硅谷做中高层？听听印度人的英语发音就知道了，印度口音相当严重。如果碰到一个印度教授在上课，大概率中国学生是听不明白的，但这不妨碍他们总是很热情地主动提问、问候。中国人觉得英语必须讲得熟练、纯正才能出去讲，讲出中国味儿就不是好英语。

在国外经常感受到印度人要比我们自信！这其实就是跨文化交际中强调的文化自信。

北京和上海是对英语口语响应最迅速的城市。这也就解释了网上原版的一对一的英语口语课程在北京和上海为什么这么火爆，虽然其价格非常高昂，动辄几百甚至上千元每小时。

我们来看看在上海英语高考指挥棒下，上海学生的英文学习情况。

上海的小朋友普遍在幼儿园就开始了英语启蒙，不管是中国籍，还是美国籍，不管是公立幼儿园，还是国际幼儿园。摇号前的幼升小的一个重要考察部分就是小朋友的英语表达能力，甚至比中文还要看重，所以家长就不计成本、不遗余力地在英语培训上投钱了。

像我不少同事的孩子从小学一年级就开始在寒暑假和周末的晚上读一本英文绘本，会大声地朗读，周末再上一个校外的英语培训班，四年级时词汇量已达 3000 个。

"七〇后"、"八〇后"、"九〇后"，我们都是从高考中走过来的，对高考的权威性不用怀疑吧？只要是高考要考的，就一定会一级一级传导下去，中考也会考，小升初也逃不掉。

这就是风向标，类似托福的模式可能率先在北京和上海开始，其他省市还会远吗？

这个英语高考政策是在前几年推出来的，中美贸易摩擦发生后，我相信有识之士会更进一步认识到英语的重要性，认识到英语应用的重要性。

这一定会加快其他省市的英语高考向托福模式推进。

到那时，在我们的公立学校里，学生高中毕业时的托福在 100、SAT 在 1400 水平的非常多。这个成绩完全可以比肩美国中偏上的高中毕业生语文水平，这个成绩完全可以进入美国排名前 50 的大学。

不同的语言，只是思维习惯不同，逻辑是一样的。我们从小在语文中大量训练的中心思想、段落大意和情境分析，也是托福和SAT阅读部分的重点，只是语言换一下，原理是相通的。所以中文好的学生，英文也是好的，只需要把词汇量提上去就行。

这样，你既能得到很好的数理化训练，这是我们国内初等教育最出彩的地方，同时英语也不输国际学校学生，还不用交昂贵的国际学校一年几十万元的学费。

大部分高中生在高二的时候就会去考口语，考完口语，再短期强化一下词汇和阅读，就可以直接去考托福和SAT了，反正有两年有效期，给自己留条后路也不错。

然后，高三时再参加国内高考。

国内、国外两手准备，都不耽误。

所以，为什么要去国际学校呢？为什么从小学开始就去国际学校呢？

最后我想从写作的角度再谈谈为什么反对从小读国际学校：因为母语才是写作的灵魂。如果去国际学校读书，一定会弱化你的母语。因为是去国外读大学，你中文的读、写能力一定是大大弱化的，中国语言的精粹，文言文就更不要讲了。

曾有学生问我："老师，以后您会不会移民？"

"永远不会！即使中国发生战争，我也不会离开这片土地，因为这是我的情感发生地。"我毫不犹豫地回答。我生于斯，长于斯，我与这块土地休戚与共。

我只是单纯地从写作这个角度出发，这个世界上 90% 以上的作家都是用母语在写作。无论你掌握多少门外语，无论你精通到什么程度，即使你英语作文满分，即使你英语演讲夺冠，甚至打败了美国、英国选手，但只是一篇作文、一篇 1000 字的短文而已，一个 10 分钟的演讲而已。一定要明白作文与职业写作的巨大鸿沟，一篇作文与一本书是没有可比性的。

　　每个写作者都有自己写作的母体，这个母体就是其所处的时间和空间，简单来讲，就是其所生活的地方、所处的时代。所以，写作者一定是有国界的，他只能用他的母语写他所在国家的人和事。村上春树的英语再流利，也只能做做翻译，他所有广为流传的作品都是用其母语日语写的。

　　让一种外语完全达到你的母语水平，这两个语言还不属于同一个语系，几乎是不可能的。一旦错过了婴幼儿时的语言关键期，这辈子就很难再把其当母语用了。

　　作为一个中国人的父母，你不会希望孩子的母语是英文吧？即使你的孩子是美国籍，但他（她）始终是在中国长大的，也许以后要到美国去读大学，在美国生活，但你也不希望你孩子的母语是英语吧？即使你想，也很难。因为母语在你开始理解世界，想表达自己想法的时候就深深地刻在你脑子里了，它像计算机初始化一样在你刚会说话时就格式化了你这辈子的语言表达系统，以后学其他语言，学得再好也只是在这个系统上运行的一个 APP 罢了，不可能替代操作系统本身。

　　国际学校的学生一定会有这个困扰：需要不断切换大脑频

道，也就是需要在大脑中不断转换表达方式，好像是切换不同的操作系统。生活中是中文，学校里训练的是英文，不同的语言代表着不同的思维方式，甚至是不同的价值观，文化冲突在语言里就能很好地体现。

写作主要两大功能，一是表达情感。

如果你的孩子一直读的是国际学校，托福考的分数再高，SAT 考得再好，英语再流利，也只是你的学术语言，你用来应试的语言。你不可能在中国与你的父母、你的爷爷奶奶、外公外婆、叔叔阿姨，甚至你的小伙伴们，用英语来跟他们交流吧？你的生活语言只能是母语，因此，你表达情感最自然的语言必然是母语无疑。

二是传递思想。

如果你的孩子喜欢写作，或者有写作的天赋，一旦读了国际学校，可能就抹杀了这种天赋，因为他严重缺乏在母语上的潜移默化。看看最新部编版的全国语文教材，大量的古诗文、大量的中国古代现代文学作品，虽然国家强制规定，无论哪类学校，在义务制教育阶段，都必须上我们的中文课，但因为这不是你的高考内容，你大多是浅尝辄止，你没有动力大量地去背唐诗宋词。电视节目的诗词比赛中，有多少国际学校的学生的身影呢？那些星二代们在荧屏上流利地用英文对答，看见他们展示过中文的诗词歌赋的功底吗？

缺乏了母语的浸润，你的语言将会缺乏幽默感。不仅仅是生活中的缺乏，文字上也缺乏。电梯里印度人听到美国人的讲话会会心一笑，但中国人不会，幽默需要长时间的语言上的潜移默化。

缺乏了母语的浸润，你的语言将缺乏文采，你的英文写作绝对写不出"落霞与孤鹜齐飞"这样优美的句子，就像外国人怎么努力也很难欣赏唐诗三百首。

一个人的写作水平一定受限于他的阅读水平。国际学校的学生就处在这进退两难的地步，中文阅读远远落后于普通学校的学生，英文阅读又远远落后美国本土的学生。

体音美计入中考

如果说十多年来江苏的高考改革方案是"瞎折腾"，最终回归了"全国一张卷"，虽然改革初衷是好的，那么云南的中考改革绝对是全国的急先锋，体现了德智体美劳"五育"并举，从中考指挥棒上全面促进学生的素质教育，希望扭转现在教育中严重存在的学术偏科的现象。2020年云南中考的具体新政如下：

国家义务制教育课程设置的科目全部计入总分，共14门，总分700分。

语文、数学、英语、体育各100分；

物理50分；

政治、历史、生物各40分；

化学、地理各30分；

音乐、美术、劳动技术各20分；

信息技术10分；

物理、化学、生物实验操作也计入。

要说有异议，可能就是物理、化学占比太低，毕竟这是将来高中、高考的重头戏，也是将来大部分学生的就业基础。

最获得百姓支持的就是体育，100分，将体育提到了从未有过的高度，有可能真正实现"每天锻炼一小时"的目标，孩子的健康比文化课重要得多。道理大家都懂，以前一直苦于没法贯彻。

以下就谈谈其中体育的意义。

高考考什么，我们就拼什么；高考不考什么，我们就挤占什么。也就是民间总结的21字方针"考什么，学什么，教什么，考得多学得多，考得少学得少"。

这就是中国的高考指挥棒，高考改革牵一发而动全身，无论怎么改，总是有反对的声音，没办法平衡，很难，本章不讨论。

所以，先从中考开始改革，阻力会小很多。

中考是省内的、市内的、县内的，区域性的一个考试。无论怎么改，反正有大概55%进入普高的比例来托底，不容易引起太大争议。就像中国的改革开放初期"摸着石头过河"，素质教育改革试点先行在中考试验，让中考指挥棒带起学生的素质教育。

目前全国已普遍实施体育中考，分值在30分到100分之间。

实际上上海中考体育的统一测试要求还是很高的（见本章最后的表格说明）。如果没有经过长时间的针对性训练，及格都很难。比如男生的1000米跑步，423的配速（1公里跑4分23秒）才60分，334配速（1公里跑3分34秒）才能拿到满分。

很多家长抱怨自己孩子根本不可能达到，认为这是运动员水平。为啥不反过来想想，孩子哪天不学数学？哪天不刷数学题？哪天数学的作业时间低于一个小时？现在体育也跟数学一样 100 分，如果体育也像数学一样天天练，也许只要每天跑半小时，就能达到你原来想都不敢想的速度。

文化课天天学，天天练，出去旅游、访亲探友也不忘叫孩子带着作业本，体育为啥不能天天练？

文化课考试差 20 分、30 分，不能去重点高中，你能坦然接受。一样的，如果你孩子在体育上差 20 分、30 分的，也不应该去重点高中。我们现在要选拔的人才首先就必须身强力壮，能为国家工作几十年，身体健康就应该是第一位的。就像清华大学倡导的，"无体育，不清华"，"为祖国工作 50 年"。

目前上海的中考体育只有 30 分，统一测试部分虽然很难，但是分值太低，只有 15 分，平时的 15 分几乎大家都有。导致绝大部分学生即使不怎么训练，都能得 25 分以上，这就有点失去改革的初衷了，区分度不大。

这是刚刚开始的改革，步伐不能迈得太大，要循序渐进，云南也是慢慢从原来的 50 分提高到了现在的 100 分。

但变化还是显而易见的，在周末，我经常看到有初中生来田径操场训练跑步，并配有专业的体育教师指导，这是以前从来没有过的。

在中考中，5 分往往就是市重点和区重点的区别，学校能提升一个档次。尤其像上海这种中考，与毕业会考一张卷子，题目非常容易，数理化三科满分的很多，所以，体育上的分数就很重要了。实际上体育得分要相对简单，只要付出一定量的训练，就一定能看到好的结果，不像文化课，存在很多不确定性。

以前从教育部到地方教育局，几乎年年下发文件，要求各地各学校要重视学生的体育教学，并规定学生每天应不少于一小时的锻炼时间。但很多时候，往往是雷声大、雨点小，学校体育工作依然是"挂在嘴上，停在纸上"。

那干脆从中国特色出发，把体育纳入中考，从应试角度倒逼学生进行体育锻炼，把学生逼出课堂，在体育上最好也把学生拉开距离，才能改变当前我国"重文轻体"的教育现状。

至于舆论说，这会加重学生负担，根本就是荒谬，身体才是我们的本钱。

教育的本义就是要让学生成为更健康的人，其中必然包括身体健康，运动就是最好的途径。

"132个男生做不了一个引体向上！"（2021年全国"两会"上，江苏省锡山高级中学校长的呐喊）难道是一个民族旺盛生命力的体现？是社会文明进步的标志？

近几十年来，中国体育在世界奥林匹克运动会上取得了巨大成功，位列全球第二，彰显了大国风范，但是这并不意味着中国教育体系里的体育教育获得了成功。体校正是这种奥运会成功背后有争议的产物，这种举国体制有待商榷。

奥运金牌拿得最多，如果没有带动全民体育运动，没有提高全民身体素质，不能不说是种遗憾。实际上，中国在体育方面的资源是不缺的，体育人才储备也充足，如果有中考这种硬性规定指导学校进行体育教学，是很容易实现全民健身的。

清华大学金融系教授李稻葵认为："运动员出身的人，一定具备特殊的心理素质。他们有难以击垮的信心和号召力，懂得如何去竞争，懂得团队合作，这恰恰是一个成功者应该具备的素质。"

"体育之美就是你能看到自己努力的结果。生活里，我们虽然需要努力，但很多努力都是没用的，南辕北辙的，甚至越努力越错的，越在意越失去的，科学的运动就会给你正面的回馈。"

无论是参与个人运动项目竞技，还是团体项目，这样的学生更具备竞争精神和团队意识，他们善于竞争，享受胜利的喜悦和失败的自省，懂得与团队成员或教练进行沟通配合，在千变万化的赛场上，他们更加专注，时刻保持准备状态。

竞技体育的残酷同时告诉孩子们99%的失败概率，但为了1%的成功梦想而付出和坚持，这也是体育最不可替代的教育价值。

我个人认为，中小学体育中进行了太多的队列及广播操练习，过于强调了动作的整齐划一，项目有些枯燥乏味，学生不大喜欢，这些活动对学生体质的增强到底有多少作用有待验证。显然，这些项目远不如竞技类的体育活动有趣有效，比如队列训练可能不如操场跑步，广播操可能不如球类运动，广播操主要是中小学体育中的中国特色。

目前中国学校普遍不够重视开展校园地区体育联赛，这种竞技氛围的缺乏也可能影响了中国学生的体育兴趣以及家长的参与度。

在大部分中国人的印象中，美国中小学学生身体强健，体型壮硕，运动很多，比赛很多。就我个人观察，似乎并不是这样。确实美国私立学校的每个学生都会参加一到两项运动，每天都有体育课，篮球、足球、橄榄球、网球、游泳、马术、冰球、帆船、曲棍球等等，大众的、小众的都有。但公立学校完全是另一回事，美国的公立小学、初中，我不是很清楚，但公立高中，一所典型的普通公立高中，我还是有所了解的，我的孩子在那里读了四年。

美国的高中有四年，只在高一有专门的体育课，每天一节，以理论课为主，比如要上很长时间的反吸毒课、营养课，高二、高三、高四，在课表上是完全没有体育课的。橄榄球、篮球、网球、长跑、游泳等校队是很多，也经常打地区、校际联赛，但只是涉及很少比例的学生。据我了解，除了那些校队队员，实际上大部分的学生每天没有参加任何一项运动。

懒惰是人的天性，不管是琴棋书画，还是篮球足球，肯定没有在沙发上躺着舒服、看着动画片开心。不要高估人的自律，美国人也是人。各种课外训练、各种比赛，不仅烧钱，还需要家长全程接送，读公立学校的普遍是美国的中产及以下阶级，他们也是很难负担的，美国有钱人的孩子读私立学校的多，接受着精英教育。

确实，美国中小学学生的身体素质明显比中国学生好，原因很多。首先，美国的中小学确实不像国内那样重视文化课，所以在每天下午 3 点放学后，学生有大量的自由时间，不用拼命刷题，不用上补习班，即使不参加任何一项体育活动，随便在家蹦跶蹦跶，即使遛遛狗，身体的强壮程度也较高，至少不会近视，而同龄的中国学生每天固定在课桌前太多的时间。其次，美国文化对体育的重视，学校不一定会给文化课成绩好的学生颁奖，却经常给在体育比赛中取得成绩的学生奖励，校队主力在学校出尽风头，功课好的学生有时却被嘲笑为书呆子，他们的电影电视中也经常这样表现。最后，美国地广人稀，到处都是运动场所，不少免费，体育氛围浓厚。

国内国际学校的体育活动也比公立学校的种类多，跟国外私立学校一样，不少是高冷的，比如马术、帆船、击剑、高尔夫。最大的特点就是贵，不少运动一年费用在 10 万元以上。参与人数奇少，很多比赛普通人都不知道，当然最大的好处就是比赛容易拿名次，申请大学时有"噱头"。

这些国际学校的学生的体育活动有些就是为了简历去参加的，为了在申请材料上添油加醋用的，因为国外名校注重偏好具有体育特长的学生。"在 2018 年非盈利组织提交的学生公平录取报告中显示：学术表现评分在第一等级或第二等级的学生运动员被哈佛大学录取的概率为 83%，而有着同等学术表现的非运动员学生被录取的概率只有 16%。"

国际学校的笔试卷子相对简单，分数也不是国外大学唯一录取条件。他们不用刷题，因此有更多时间来运动或活动，所以他们看上去要更阳光些、更健康些，这确实是国际学校的优势。

教育专家李玫瑾说，至少从小要让孩子会两项运动，跑步和游泳，这两个都是救命的。突发事故，跑得快；掉入水中，不淹死。我深以为然。

比如上海的小学，每周都有一节游泳课，冬天也游。上海交通大学的学生如果游泳考试不及格，拿不到毕业证书。

跑步，也绝对不仅仅是迈开腿那么简单，这里谈谈我个人体会。

跑步，是最平民化的一项运动。1000 米跑不动，没关系，你总会走路吧。好，就从这个走路开始练起。

3 公里开始，先不用强调速度，随便你快慢，每周加 100 米不过分吧，一年 54 周，那就是 5400 米，加上开始时的 3 公里，就是 8400 米。

当你每天能快速步行 8400 米的时候，也就是一小时走 5—6 公里的样子。一般来讲，跑步的运动量是快走的翻倍，这时你就能轻轻松松跑下 4200 米，这个时候，你一定不会满足再走路了，你会用跑来完成每天的运动量，更高效更有成就感。

再坚持一年，还是每周加 100 米，一年又是 5400 米，这个时候你就可以跑下 10 公里了。

当你能轻松拿下 10 公里的时候，一般来讲，你什么毛病也没有了，身体特别的健康，不胖不瘦，身材匀称，不容易伤风感冒，抗寒又抗热。

千万不要小看这 10 公里，不要说天天跑，就是每个周末坚持跑 10 公里也绝非易事，更不用说马拉松了。

寒冬腊月，大家都在睡懒觉、躺被窝的时候，你纵身跃起，从温柔乡中爬起来，穿上保暖运动衣裤，迎着刺骨寒风，没有点意志力还真不行。

炎炎夏日，不要说跑，站着不动都汗流浃背，然后你跑个 10 公里，浑身湿透，内衣内裤都能挤出水来，没有点意志力也不行。

这个 10 公里就是个意志力的磨练，不单单是跑步那么简单。

看过朋友圈的一篇网文，就是讲的跑步这件事，是北京大学的一个毕业生写的，他说他非常不喜欢跑步，但还是每天清晨出去跑，无论去哪里出差，国内国外都坚持，现在每年都要参加几场马拉松全程比赛。他的客户是这样评价他的："一个不喜欢跑步的人，却把跑步坚持了这么多年，而且每天都跑。这需要多么强大的意志力！把事情交给他做，还有什么不放心的？"

所以，不要小看了这些体育运动，在强身健体的同时，不仅培养了团队合作精神，认识了更多的朋友，也磨练了我们的意志，坚定了我们的斗志。

长跑的过程并不会一直愉悦，有肉体的痛苦，也有精神上的枯燥。长跑需要忍受枯燥、控制欲望，这恰恰也是专业学习或者工作最重要的真谛。

有时候，我们应该感谢我们的中高考。至少在它们的挥舞下，我们的学生跑起来了、跳起来了，而且这个是全体学生参与进来，而不是为了功利性的拿奖，就是为了锻炼身体。

比如，小学一年级的跳绳达标项目，对耐力、肌肉、协调性的锻炼都很到位，不限场地、不限时间，也无需专业指导，父母带着就行，容易上手。跳绳的花样也很多，趣味性强，大部分小朋友喜欢，然后还可以搞各种比赛，校内赛、校际赛、地区赛，个人赛、接力赛，这方面倒是可以向美国中学的篮球联赛学习。

由于中国目前缺乏中小学之间的各种体育联赛，国际学校与公立学校几乎没有对垒过。如果要说成绩的话，公立学校的学生数量众多，肯定藏龙卧虎，也不缺乏专业的体育教师。在大众熟知的体育项目中，国际学校很难夺得名次，这大概也是他们总是选择冷门运动的原因吧。

就像语文教育改革中加大课外阅读，必将带动家长的阅读，从而掀起全民阅读的高潮。加大体育在中考中的分值和难度，也将带动家长的体育参与，从而达到全民强身健体的效果。

任何一件事都有支持者和反对者，希望相关教育部门不要被舆论左右，一定要坚持在中考中纳入体育。既然我们的教育是围绕着中考高考指挥棒转，那就让中考来促进学生的运动健身。

上海中考男生部分体育考试成绩评定

项目分值	1000米跑步（分秒）	200米游泳（分秒）	篮球（秒）	排球40秒/次	50米跑步（秒）	25米游泳（秒）	足球运球（秒）	立定跳远（米）	双手头上前掷实心球（米）	4分钟跳绳（次）	引体向上（次）
100	3'34"	4'36"	20	45	7.1	22	7.6	2.49	9.7	400	11
95	3'42"	4'48"	21	43	7.2	23	8.7	2.41	9.4	395	10
90	3'50"	5'	22	40	7.3	24	9.6	2.33	9.1	390	9
85	3'55"	5'12"	23	37	7.4	25	10.5	2.25	8.8	385	
80	4'00"	5'24"	24	34	7.5	26	11.3	2.20	8.5	380	8
75	4'05"	5'36"	25	31	7.6	27	12.2	2.15	8.2	370	
70	4'10"	5'48"	26	29	7.7	28	13.1	2.10	7.9	365	7
65	4'15"	6'	27	26	7.9	29	14.3	2.06	7.6	360	
60	4'23"	6'12"	29	23	8.1	30	15.5	2.02	7.3	340	6
55	4'31"	6'24"	31	20	8.3	31	16.0	1.98	7.0	320	
50	4'39"	6'36"	33	18	8.5	32	16.8	1.94	6.7	300	5
45	4'47"	6'48"	35	16	8.7	33	17.4	1.90	6.4	290	
40	4'55"	7'	37	14	8.9	34	17.9	1.86	6.1	285	4
35	5'03"	7'12"	39	12	9.1	35	18.3	1.82	5.8	280	
30	5'11"	7'24"	41	10	9.3	36	19.0	1.78	5.5	275	3
25	5'19"	7'36"	43	8	9.5	37	19.6	1.74	5.2	270	
20	5'27"	7'48"	45	6	9.7	38	20.0	1.70	4.9	265	2
15	5'35"	8'	47	5	9.9	39	20.5	1.66	4.6	260	
10	5'43"	8'12"	49	4	10.1	40	21.0	1.62	4.3	255	1
5	5'51"	8'24"	51	3	10.3	41	21.5	1.58	4.0	250	

上海中考女生部分体育考试成绩评定

项目分值	800米跑步（分秒）	200米游泳（分秒）	篮球（秒）	排球40秒/次	50米跑步（秒）	25米游泳（秒）	足球运球（秒）	立定跳远（米）	双手头上前掷实心球（米）	4分钟跳绳（次）	1分钟仰卧起坐（次）
100	3'19"	4'56"	26	45	8.1	25	8.5	1.99	6.8	400	11
95	3'27"	5'08"	27	43	8.2	26	10.8	1.93	6.6	395	10
90	3'35"	5'20"	28	40	8.3	27	12.9	1.87	6.4	390	9
85	3'40"	5'32"	30	37	8.4	28	14.2	1.81	6.2	385	8
80	3'50"	5'44"	32	34	8.5	29	16.4	1.77	6.0	380	
75	3'55"	5'56"	34	31	8.6	30	18.3	1.73	5.8	370	7
70	4'00"	6'08"	36	29	8.7	31	19.5	1.69	5.6	365	
65	4'16"	6'20"	38	26	8.9	32	20.7	1.65	5.4	360	6
60	4'24"	6'32"	42	23	9.0	33	22.0	1.61	5.2	340	
55	4'32"	6'44"	46	20	9.2	34	22.8	1.57	5.0	320	5
50	4'24"	6'56"	50	18	9.4	35	23.5	1.53	4.8	300	
45	4'32"	7'08"	54	16	9.6	36	23.9	1.49	4.6	290	4
40	4'40"	7'20"	58	14	10.0	37	24.6	1.45	4.4	285	
35	4'48"	7'32"	62	12	10.2	38	25.1	1.41	4.2	280	3
30	4'56"	7'44"	66	10	10.4	39	25.5	1.37	4.0	275	
25	5'04"	7'56"	70	8	10.6	40	26.2	1.33	3.8	270	2
20	5'12"	8'08"	74	6	10.8	41	26.8	1.28	3.6	265	
15	5'20"	8'20"	78	5	11.0	42	27.3	1.23	3.4	260	1
10	5'28"	8'32"	82	4	11.2	43	27.9	1.18	3.2	255	
5	5'36"	8'44"	86	3	11.4	44	28.3	1.13	3.0	250	

错题本，中国教育的法宝

　　虽然有人经常抨击国内的应试教育束缚了学生的想象力，扼杀了学生的创造力，应该大力提倡绘画、音乐、诗歌这种人文教育，以提高学生的综合素质。但我认为我们追求完美的应试教育也是很重要的一种素质能力。比如初二平面几何中的全等三角形和相似三角形，全等和相似的充分条件和必要条件难道不应该烂熟于心吗？证明题中辅助线的添加是极其考验人类大脑的。

　　初二的平面几何和高二的立体几何就是一种很高级的素质教育：锻炼和开发学生的抽象思维能力、空间想象能力和逻辑推理能力，提炼学习过的知识和原理，让我们捕捉各种表象背后的逻辑，好像刑侦破案一样。

　　人和人最大的差别之一就是思维的差别，而思维可以通过学习去锻炼和提升，进而形成思维系统，形成自己的独立思考能力。平面几何和立体几何的内容，绝大部分人一辈子都用不到，更甭说辅助线了，难道就因此否定其意义？就像美国一样，干脆跳过不学？学习知识有时不是为了直接应用，而是开发我们的大脑，激发我们的想象力，提高我们对世界的认知水平。

中国教育的一大亮点就是：错题本，从小学到高中，大部分的学术课程都有。

著名的衡水中学对学生错题本的要求更是精确到了极致，光数学这一门主科的错题本就必须准备6本，函数、三角、解析几何、立体几何、数列、概率与统计各一本。

千万不要想当然地认为世界各国的学生都有错题本，以为世界各国的老师都会如出一辙地要求学生制作错题本。

错题本，中国特色，全球独此一家，这也是中美教育的一大区别。

实际上，中考、高考基本上不可能会撞上我们平时做过的原题，这个可能性非常低，那些出题老师的宗旨之一就是要尽量避免撞题，每年都是出新题，不是从题库中挑的。既然碰不到，我们为什么还要错题本，花那么多时间整理错题？

第一，错题本的目的是帮助拿到满分，错一次不可怕，但不能一错再错；让知识点相同、思路相同、方法类似的题目归纳总结，举一反三。

另外，错题本还能帮你节约大量宝贵的时间，减少盲目刷题，提高学习效率。尤其在初三、高三，经常每天每门功课要做一套卷子，实际上很多题目是重复的，很多只是换个形式。那么多的知识点，只要在教育大纲内，每一个都重要，每一个都不能漏过。在有限的时间内，你只要重点复习错题本上的内容就好了，减少盲目刷题。

以上海中考卷为例。上海的中考与会考是同一套卷子，最大的特色就是题目简单，数理化三科的满分非常多，600满分，570分以上才能进市重点高中。所以大家只能拼满分，这时错题本就非常有用了，错题本能减少你犯同样错误的机会。

题目是做不完的，但知识点是有限的，直接在教学大纲里框死了。与其把时间和精力花在不可能刷完的无限的题目中，不如努力把非常有限的知识点理解透彻、运用熟练。刷题的最大缺点是做一道会一道，遇到新的题目就可能不会了。如果对错题本能够做好总结和拓展，不仅能轻松应对做过的题型，还容易击破新的题型。

不少学生在传授学习经验时，经常会提到错题本。各具特色的错题本，也是他们翻得最"烂"的本子。他们在错题本上不断反思、总结，落实到相应的知识点上，任凭你题目千变万化，总归跳不出中考大纲和高考大纲。

一些成绩不理想的学生，往往只是在老师的强制要求下，装模作样地做个错题本，却从来没有认真对待过，没有领会过错题本的精髓，缺少对错题的反思。

对待错题本的态度，多少反映了学生对待学习的态度。

当然，也不一定要形式主义，非要用个纸质的本子来记错题。在我读书的年代，错题本还不流行，我就从来不用错题本，成绩还一直不错。但错题本一直在我脑子里，从来没有消失过。

我从初中就开始住校，宿舍晚上9点熄灯，高中也是如此，想勤奋也没条件。这样，每晚熄灯后，我就躺在床上把白天学过的知识、做过的习题、考过的试卷，在头脑里全部过一遍，像放电影一样。能清晰回忆出来的表明已经彻底懂了，想不出来的就是没有掌握的，第二天只要把这部分复习一下就行，不用从头到尾看一遍。

也就十多分钟，简单高效。

每天晚上，每门功课，我都要在万籁俱寂中做"错题本"。

最后，我能在脑子里准确做到哪个错题在哪张卷子上、对应哪个知识点，所以很少犯同样的错误，看起来读书好像还很轻松。

要不要错题本，首先我们应该思考这样一个问题：初等教育中的这些知识点需不需要全部掌握？要不要熟练掌握？

如果翻开初等教育各科的教育大纲，我们会发现所有的知识点确实是应该掌握的，不少都是科学常识，只是有时这些知识点以较难的形式出现了，比如各种数学证明题，比如某个考题串联了好几个知识点，比如对充分条件和必要条件的考察。我们的反复刷题就是以各种不同的形式来加深你对这些知识点的理解和掌握。

其次，我们的教育一直带有人才选拔性质，不是北欧的普适教育。为了夺得高分，你就不敢遗漏任何一个知识点，万一你遗漏的那个知识点正好被考到呢？因为都在教育大纲里，没有超纲，你就没法投诉这张试卷。

这个在中考和高考的复习中尤为明显，错题本的作用之一就是捕捉你的知识盲点。

人是会遗忘的，那么多知识点怎么可能只做一次就掌握了呢？速度、加速度、矢量、标量，对数函数、指数函数、双曲函数，怎么可能只做一次就学会了呢？

这就是为什么在全球的 PISA 测试中，中国学生屡次脱颖而出，错题本功不可没。

第二，错题本训练一种很重要的思维模式：归纳法。

我们的思维模式主要有两种：归纳法和演绎法。归纳法是从个别到一般，演绎法是从一般到个别，两者刚好相反。

在文化课学习中，我们经常会遇到"题目似曾相识，我却一错再错"的情况，错题本就是通过错题的归纳整理来避免盲目的题海战术，需要你把一个个具体的错题进一步抽象和泛化为一般规律，以对抗曾经的错误。

错题本升级了你的思维过程。

实际上，中考高考的题目绝大部分大家都做过的，只是换个马甲，归纳与总结就是建立在积累了一定的错题的基础上的，学会了归纳法，你就能发现某一类题的共同点与解题思路，达到举一反三，识别出这个马甲。

举一反三本就是个非常重要的能力，在以后的工作中照样发光。

每一科都要进行分题型归类整理。在整理一道错题时留出下一道同类型题的空位，这一个个错题的例子多了，你就能总结出一个一般规则，从而形成一个体系。

具体的题目总是千变万化的，但题型和思路却是有章可循的。

第三，吸取教训。

有效地防止再犯以前的错误，写下自己的反思，并填写错误原因，哪里薄弱一目了然。有的放矢，才能事半功倍，做一题会一题，形成良性循环。

错题本就是为了找到自己的不足点，把这些错误积累起来才能进步。数学错题本把相同题型的错题积累起来，总结出解题规律；英语错题本能积累更多更广的语法、单词、固定搭配、固定用法；语文和文科综合，主要积累答题思路。

错题本非常重要，而且不仅要积累，更要积极问老师，弄清每一道错题，时间长了，会有意想不到的效果。这也是为什么有的学霸看起来不刷什么题也不够努力，但是成绩就是好，因为他们抓住了根本。

"犯错不要紧，只要你能做到每种错误只犯一次，你就是高中绝对的高手。"这是高中老师经常讲的一句话，我们的工作和生活不是一样的吗？

第四，培养严谨的治学态度，打通一个学科，受益终身。

错题本的天然沃土就是应试教育，在倡导素质教育的当下，或者离开校园后，错题本似乎就失去了用武之地。

错也。

每一门学科，都是一个知识体系，就是要把一些零碎的、分散的、相对独立的知识概念加以整理，使之形成具有一定联系的知识系统。错题本就是对这个系统查漏补缺，归纳分类，既要避免马虎粗心造成的失分，更要对难题怪题整理思路。这些难题大多是隐含了多个知识点，攻克难题更有助于打通一个学科，这种抽象泛化的能力在我们以后离开校园后的自学过程中非常有用。

第五，培养一个良好的学习习惯。

做错题时，很多孩子习惯性把原因归结于粗心。不少家长也这样认为，认为自己的孩子很聪明，善于做难题，试卷简单就吃亏了。

誊抄答案时不小心写错了、审题时看漏了关键词、不知道卷子反面还有题……

孩子做题难免会出错，但粗心绝不是最根本的原因，更不能成为敷衍了事的借口。如果把做错题都归结于粗心，那么真正的问题就被掩盖了，这样是极其不利的。

错题本的整理，实际上是一种主动思考的过程，是在培养孩子主动学习、追求完美的一个习惯。

教育学家叶圣陶先生说："教育的本质，就是培养习惯。"摆脱"积懒成笨"的困扰，可以从整理错题本开始。

中小学学习的不只是考试做题，而是基础知识，更进一步讲应该是学科思想。当基础知识足够扎实，学科思想足够贯通，考试做题只是顺其自然、随手就会的事。

那国际学校和国外学校的老师为什么不教学生做错题本呢？或者学生不自己想办法做个错题本呢？

错题本更适合客观题，计算题、证明题实际上也是客观题，而不仅仅是选择题。这样，错题本最适合理科科目，比如数学、物理、化学等，因为这种题目特别考察解题思路，逻辑思维，而像语文、政治用上错题本的地方相对就少一些，因为其更考察积累，考察主观分析，当然像语法这些类型的题目也是可以用错题本记录的。

就像本书其他章中分析的，国际学校一直是弱化数理化的，其数理化难度低，基本不需要错题本。另外，申请国外大学是个系统工程，文化课成绩只是其中一部分，不是像我们这样分数定天下的。

既然没有题目来刷，还需要什么错题本呢？

考试成绩不是唯一标准，还需要什么错题本呢？

刷题，不对吗？

每年高考结束后，高考应届生经常会在网络上晒出高三一整年或者高中三年看的书、做的题、用的笔，引发大家的集体回忆。

好多学生高中三年的试卷叠起来比我们人还高。

高三一年就用掉了 300 根水笔笔芯，平均每 1—2 天就能用完一支笔芯，课后练习、课堂考试，笔记整理、错题整理。一支笔芯大约能写 1.7 万字，一个高三学生平均每天要写近 1 万字。

这不仅是中国特色，甚至是亚洲特色。如果老师作业布置得少了，学生还会主动另外刷题。不刷，学生心慌，家长也心慌。

学生就像那陀螺，高考就是抽动陀螺的鞭子，抽了 12 年，学生转了 12 年，好像永不停歇。中国中小学学生读书之苦，全世界都是有名的。

你只能也必须刷千百万次、上亿次的题，才能最后夺冠。

就像网上爆红的中国科学院博士生黄国平的博士论文致谢

词所写"我走了很远的路，吃了很多的苦，才将这份博士学位论文送到你的面前。二十二载求学路，一路风雨泥泞，许多不容易"。"人情冷暖，生离死别，固然让人痛苦与无奈，而贫穷则可能让人失去希望。家徒四壁，在煤油灯下写作业或者读书都是晚上最开心的事"。"把书念下去，然后走出去，不枉活一世"。

刷题很苦，但是刷题的苦是人生最轻的苦，我们普通人只有熬过刷题的苦，才能改写人生的路，没有伞的孩子更要奋力奔跑。

股神巴菲特都对子女说："吃苦，会让人一生受益。"

美国畅销书《你要像喜欢甜一样喜欢苦》，多么深刻的书名。

"当你的判断成为下意识的时候，

你在赛场上，

才可能出现在正确的位置上。

下意识怎么来?

训练来的。

不是一般的训练，

而是千百万次，上亿次，

不断重复的训练。"

这是 2020 年励志大片、讲述中国女排电影《夺冠》中的台词。

这跟我们的刷题难道不是一个道理吗?

但是，这似乎也是中西方教育的一个分歧，也有不少人批评说这是中国教育的弊病，每一轮的教育改革剑指减负，似乎与减少刷题有一定关系。

每一个知识点反复刷，选择题、填充题、计算题、简答题，正着问、反着问，不放过任何一个盲区，这种查缺补漏在高三做到了极致。寒暑假预习一遍，课堂上讲一遍，回家作业应用一遍，周考、月考巩固一遍，期中、期末才能胸有成竹。

刷题，不就是为了把分数刷到极致吗？

我们来看看哈佛的本科招生。哈佛的招生规则一直让人捉摸不透，美国常青藤联盟大学都是如此，看似毫无章法，从来没有公布过招生规则或者标准，因为是私立大学，公众无权质询。SAT满分不能保证，GPA4.0不能保证，全校排名第一也不能保证，因为这些在哈佛看来还不足够优秀，SAT满分的至少几千人，GPA满分的上万人。不仅美国优秀的学生想去哈佛，那也是不少全球顶尖学生梦寐以求的地方。学业的优秀还不足以筛选出真正出类拔萃的学生，但如果你能在学业足够优秀的前提下，再把一件事做到极致，任何一件小事，削苹果也行，摆火柴棍也行，能做到极致，哈佛就可能录取你。不需要多，一件足矣。很多人在申请哈佛的时候，列出一堆的才艺，弹琴、画画、跳舞、打球，又是帮困，又是支教，真没必要。

什么叫做到极致？其实就是做到顶尖水平。任何一件小事，做到极致都是相当不容易的，大多是反人性的。

芭蕾要跳到极致，每天至少练习5小时以上吧，脚趾不变形都不能算极致。

小提琴要拉到极致，每天至少练习 5 小时以上吧，手指磨出老茧是最基本的。

游泳要游到极致，每天至少泡在水里 5 小时以上吧，指纹都会泡没了。

暂且不说像郎朗一样要走职业钢琴演奏的道路，但钢琴十级已经很普遍了吧？这一级级考上来，哪一级的练习不是枯燥乏味至极？最基本的五种钢琴指法，对指、穿指、跨指、括指、缩指，哪一种练起来是有趣的？考级的曲目要熟到能倒背如流，哪一首你觉得是心旷神怡的？

这个时候，你非常明白，这个练习过程就是需要一遍遍地、反复地弹，直至机械式反应，像吃饭一样自然。精英人才接受的训练都是极其残酷的。

这个难道跟刷题不是一样的吗？钢琴刷指，你认为是必要的，也是应该的，为什么文化课刷题就要愤怒了呢？尤其是高三一整年的刷题，其目的就是要把所有知识点、所有题型刷到，在最后的考场上大部分题目都要达到机械反应的程度，否则哪有时间让你思考？

你看，弹琴和考试最后都要熟练到机械式反应，要取得高分，就是要刷到不出错。一旦要往极致方向走，无论是文化课，还是才艺，如果尊重孩子的本能，那么大多数学习只能停留在浅尝辄止的阶段。

衡水中学的确很"苦"，是一种把所有的时间和力气都用在学习上的苦，是一种要时刻都激励自己往好的地方去追寻的苦。衡水中学的考试是真的多到无法衡量，在高三是每天都考，久而久之学生就习以为常。

世界著名芭蕾公主谭元元，她的整个舞蹈生涯，就像她曾经出演过的著名舞剧《小美人鱼》一般，是每一步都忍耐着巨大的痛楚的经历。但这对她而言，与其说这是克服痛苦，不如说是在习惯痛苦，是一种对极致的追逐，"不需要别人羡慕我，这是我的生存方式"。

如果这种刷题能让你从普通大学跳入重点大学、从211高校跳入985，这种改变命运的刷题，相信你也会把这种刷题的无常当作平常了。

如果让孩子选择自己喜欢的方式成长，没有哪一个孩子会主动选择吃苦，没有人生来就喜欢吃苦，大部分孩子都想要舒舒服服成长。特别是对于学习这样艰苦的事情，没有孩子会主动去做。即使是学霸，一旦放下书包也想拿起手机打游戏，而不愿意总是坐在书桌前学习。

人的本能都是喜欢安逸、享受，这是人的天性，《水浒传》中的好汉都是逼上梁山的，如果有恩恩爱爱的家庭生活、坦坦荡荡的职场仕途，林冲会在风雪中投奔梁山？

社会很现实，也很残酷，更多时候不是适者生存，而是强者生存，丛林法则一直存在。

强者最大的品质之一就是遇事坚持。要想培养出一个优秀且自觉的孩子，就需要拥有这种强大的自我约束力，这是一个漫长的建立过程。

实际上，很多年过去后，很多人再回顾高三的光阴，看着一沓又一沓的试卷，上面每一道题都是自己实实在在用脑子想出来的，用笔写出来的，反而会感谢当年那个专心致志的自己。

学习本身就是一个吃苦的过程，唯有"吃得苦中苦，方为人上人"，我们的古人一直这样告诫学子。教育往往不是一件快乐的事情，需要经常性地跟自己的天性斗争。

中国举世瞩目的迅猛发展，很大一部分是我国扎实的基础义务教育带来的红利，就是大家痛批的刷题刷出来的"考试机器"，正是这些"考试机器"奠定了现在我国各行各业的领军人物和更广泛的技术人员，当今的中坚力量不正是当年接受应试教育的那批"七〇后"、"八〇后"的少年吗？

中国人勤劳刻苦，整个亚洲人普遍吃苦耐劳，这跟我们从小的刷题难道不无关系吗？我们的孩子从小就是在题海中泡大的，从小一直在吃苦，所以成年后普遍比欧美国家的更能在工作中吃苦，不管是在低端的血汗工厂，还是在竞争激烈的BAT（百度、阿里、腾讯）。一个从小自由散漫惯了、蜜水里长大的孩子，将来能吃得了"996"的苦吗？

所谓的欧式"放养"教育，他们认为"做自己"是孩子的事，选择放学要玩，还是要做做数学题，是要上大学，还是要去扫马路，应该听任孩子的内心，这背后隐含着他们的高福利：人人有工作，教授与清洁工税后收入相差不多。

备受争议的衡水中学却得到了华为总裁任正非的推崇。

2019年5月21日，任正非在接受央视《面对面》节目专访时明确提出："要向衡水中学学习！"此后短短几个月时间，任正非先后在多个场合5次提起衡水中学，并特意派遣公司人员前往衡水中学参观学习。

即使在大学里，也需要做大量习题，苏步青院士学微积分就做了1万多道题。复旦大学著名数学系教授陈纪修先生说："我不赞成题海战术，但是要适当做一些题。"这个"一些"实际上并不少，就他自己教的"数学分析"，也是需要做几千道习题的。老一辈的数学家坚实的数学功底是怎么来的？就是这么刷题刷来的。不花功夫，数学分析功底想打得扎实是不可能的。

我们不能随便抨击军事化管理的学校教出来的学生这不好那不好，任何事情都是两面性的，因为人都是有惰性的，关键时刻需要约束，需要强制，这样才能逼出潜能，挖出潜力。衡水中学的学生毕业后不一定都是顶尖人才、社会精英，但大部分是可以在社会上站稳脚跟的，有良好的学识，又有端正的价值观和良好的生活习惯，这已经是拥有能够幸福生活的基本条件了。

可能有人要说了，中国都是应试教育，都是应试的书呆子，而欧美国家提倡的都是快乐教育，没有什么负担，和我们完全不一样，没有可比性。

说这话的人，肯定是对他们的快乐教育有什么误解，我们所津津乐道的欧美快乐教育只是人家的平民教育而已，我们更应该看到的是他们的精英教育。去看看伊顿公学，去那些贵族的私立学校看看，作业的负担比中国是有过之而无不及；去看看纽约的史蒂文森中学，学生普遍一天只能睡4—5个小时，相互间的竞争也是挖空心思的。只有那些普通公立学校的孩子，确实是快乐教育，但不少人连高中毕业证书都拿不到。这是他们把贫富差距拉开的一个重要手段，一种迷幻穷人的麻醉剂。

所以，不能老拿刷题来批评中国的应试教育，哪个国家上大学完全不看成绩？中国的高考，至少比国外大学的选拔，要公平多了，你不用花那么多的钱，学那么多的才艺，只要把课本读好、卷子考好就能上大学、上好大学。

美国名校也很注重考试成绩！GPA、SAT不够突出，第一轮就被淘汰出去了，除非你有顶尖的才艺。这种特长生的比例并不高，跟我们国内大学一样，也招部分体育、艺术特长生。但绝大部分学生还是要靠成绩的，比如GPA3.8（满分4.0），加上SAT1550（满分1600），再加上十门5分（满分5分）的AP课，即使没有任何才艺，也没啥突出的课外活动，去前20、前30的大学，也是没有问题，加州大学伯克利分校、密西根大学安娜堡分校就在这个排名里。

在美国死读书，考个好成绩，一样能去好大学，只是可能去不了哈佛、耶鲁而已。

既然如此，美国人为什么不刷题呢？为什么不像中国学生一样刷题呢？

首先，美国的试卷容易。所有课程的试卷都容易，没有偏题怪题，绝对不会超出教学大纲，都是例题、习题的再应用。

就像几何，如果不用添辅助线，一般来说难度就不大。美国高中生就没有听说过辅助线，高中几何连三角形的相似、全等都不需要证明。

另外，美国也没题让你刷，没有教辅，他们认为把教材上的习题做了就可以了。所以，英国才会把上海的教辅《一课一练》搬到英国的小学去。美国的课外培训主要是针对各种才艺，体育、艺术等。

所以，美国的初等教育一直非常明确：属于平民的快乐教育和属于精英的"严刑拷打"。

看看法国，高福利国家的代表。一周工作四天，一天工作六小时。周末你的面包店如果营业，会被你的同行，其他面包店的法国人老板投诉的。去年巴黎街头的"黄色革命"，一个出租车司机游行的理由就是"我已经6个月没旅游了，家里每个月缺300欧元"。

再看看北欧。北欧人民过着与世无争的日子，主张与自然和谐共处，少见奢侈品，瑞典自行车出行率最高，开车的不多。

所以呢？第二次世界大战中，法国不到两个月就被德国干掉了，北欧几乎是不战而降；现在的第四次工业革命浪潮里，有多少北欧的浪花呢？

看看美国，这个国家虽然是世界第一强国，却是所有发达国家中福利最差的一个，至今没有实现全民医保，至今没有免除大学学费。口号非常明确，就是不养懒人。税收也没有像北欧一样高得吓人，否则加班费就全用来交税了。所以，美国吸引了全球的聪明人，不仅仅是中国人和印度人，就是因为其充分的自由竞争制度，只要够聪明、够吃苦、够大胆，就有出人头地的机会。

当然，我们的刷题也刷得有点过头，尤其是重复率太高，主要原因有两个：

首先，学生学习不主动，或者思考不积极。为什么要考试？老师就是希望通过考试来检查学生是否掌握所教，学生通过考试来巩固所学。但总是有一些学生在同样的问题上一直出错，老师只好一直重复出题训练。记得我读高中时，语文考单词写拼音，有一题是给"栅栏"的"栅"写拼音，"zhà"，这个题目一模一样地考了三次，还是有人写成"shān"，读半边部首，这能怪老师叫学生刷题吗？认真学习的学生也只能跟着一起刷。这已经是高中考试了，初中、小学这种问题就更严重了。

另外，就是国情所致，我们的教育体制的目的之一就是重要的人才选拔机制，中考就是50%左右的进普高，另外的进职高或技校，高考再淘汰30%以上。选拔的公正性要求导致国家不得不以整齐划一的高考分数作为选拔手段，大家只能通过刷题而进入下一轮。

离开应试教育谈素质教育就是个伪命题，应试教育难道仅仅培养了考试能力吗？

况且什么是考试能力？给你问题，你来解决问题，这个能力难道不重要吗？

什么是生活？丢给你很多问题，也由你来解决问题，或者承受不能解决的痛苦。

生活本质上就是很多场考试的堆砌，学校学习训练我们解决学术问题的能力和智慧，社会为我们补上社交和生存的思考，都是人生的大考场。

考试是短时间内让思维达到最大活跃度的有效方法，刷题可以接触不同的题型，牢牢掌握所有的知识点，为将来搞研究打下坚实的基础。

随着经济发展越来越快，中国这么大的经济体，相对来说贫富差距也会越来越大，读书其实是绝大部分普通百姓家庭里成本较低的上升渠道。我们普通人既没有能挥霍的家产，也没有千年难得的颜值，如果只要刷题就能改变命运，而不需要砸钱搞什么才艺，倒也是简单明了。

很多人对高考制度深恶痛绝，认为是扼杀人的天性，对穷乡僻壤那些疯狂学习准备高考的老师、同学，感觉不可思议、并加以嘲笑，冠以"小镇做题家"。

比如著名的安徽毛坦厂中学，被扣上了"高考工厂"的帽子，指责这样的教育方式，抹杀了孩子的创造力，培养出只会做题和考试的书呆子。但正如央视著名主持人白岩松说的："我无论如何做不出任何嘲讽（毛坦厂）的事情，没有高考你拼得过富二代吗？"他们不应该是被嘲讽的人，恰恰相反，他们是无路可退的一群，在种种的不公平里，他们背水一战，奋不顾身，机械的题海战术，不眠不休挑战极限的昼夜晨昏，把希望寄托在这个公平的高考。

毛坦厂中学就是通过刷题让无数的农村寒门考生，进入城市读书、工作、安家，摆脱了原来的阶层，可以说是彻底改变了人生。

我们都是很平常的家庭，我们的爸爸妈妈不能给我们豪车和别墅，只能全力以赴地支持我们读书。你只有好好读书，才能走得远一些，才能看到广阔的世界，遇见更优秀的人。

这个世界从来都是公平的，苦尽才能甘来。那些没有受苦便得到的甜，总有一天要还回去。这个跟走捷径是一个道理，现在走的捷径，将来都会加倍叫你还回去。

绝大多数的人过的是普通的一生，在他们历经沧桑后回首的时候，大部分都很喜爱自己高中的三年，尤其是残忍的高三。因为在以后的人生中，很少再有那种目标明确、发愤图强的岁月，那种选定了目标，并在奋斗中感到自己的努力没有虚掷的饱满感，如此充实的生活，会在人生中留下一段难忘的记忆。

作为一个中国人，没有经历过中国高考，无论如何都是一种遗憾。

当你在苦苦挣扎、诚惶诚恐的时候，反而应该感到庆幸，因为你在走上坡路，上坡总是辛苦的；当你在随心所欲、舒舒服服的时候，应该感到害怕，因为这表示你在走下坡路。这就是为什么所有的心灵鸡汤一直在反复提示我们要走出舒适圈。

人生，本就是场苦旅。

身在衡水中学的学生，他们自己并不觉得苦，认为不是被拼命压榨，每个人是自发的想学，而不是被逼的。不少家长也发现，每次去学校接孩子，发现孩子都开开心心的。他们认为那是一种简单纯粹的生活，一个可以纯粹地去追求梦想的地方。一群纯粹的人干一件纯粹的事，大家都为了自己的未来而努力拼搏。

就像衡水中学校长说过的："人们总是说中国的学生比国外学生苦，但苦学有什么不好？这种苦是一种快乐的苦，不是一种精神上的苦，而且是相对的，学生们发自内心的有一种强烈的求知欲望，外人看上去很苦，但也许同学们并没感到有多苦。我在衡中干了30多年，没有节假日，每天晚上10点半以前没回去过，早上我5点半就起床了。你觉得我很苦，但我没感觉。"

对于"苦"的理解，跟一千个人心中有一千个哈姆雷特是一样的。

穷人不怕穷，就怕孩子没出路。任何一个时代，都必须给底层留下一个阶层流动的出口，如果连这条路也堵死了，社会就会陷入无序的混沌状态，所有矛盾就会迅速对立和爆发。

快乐教育不是谁都能搞的，人口少、资源多、福利好、就业压力小的北欧国家可以搞，芬兰的教育改革得再好也不适合中国。像中国这样人口多、就业压力大，教育改革不能随便一刀切，不能简单地搞快乐教育。今天的教育确实有着许多问题，有一些还相当严重，可是无论怎么样，教育也不会因此而损失它的意义，它是迄今为止，最有可能公平地给予我们变好的机会，最起码高考是一般家庭孩子改变命运的机会！

2020年10月我代表上海交通大学第一次参加衡水中学的

"大学校园行"活动，虽只有短短两天时间，但收获很多。下面的短文发表在衡水中学公众号上。

外界经常妖魔化衡水中学，嘲笑他们的学生是考试机器，但我认为衡水中学的学生是最幸运的学生。

第一，省钱。衡水中学的学生三年集体住校，两周才回家一天，根本没有时间在外面上任何补习班或者才艺班，所以完全没有额外的支出。请问现在全国的高中生有几个不读补习班的？

第二，足够的睡眠时间。衡水中学的学生早上5：40起床，午休1小时，晚上10：00睡觉，足足8个小时的睡眠时间。请问全国的高中生有几个在晚上10点就睡觉的？

第三，最好的教辅。就如当年的黄冈中学一样，衡水中学的教师自研教辅和试卷，学生完全不用在外面买五花八门的教辅、刷乱七八糟的题。

第四，专心致志。衡水中学的学生是不允许带手机的，校园里有几部固定电话以备学生跟家长联系，这样学生可以一心一意学习，大家在手机上浪费的时间想必不用说了吧。请问全国哪所高中能做到？

第五，师生关系融洽。除了寒暑假，学生几乎都在学校，老师几乎就是学生的家长，捕捉学生任何细微的心理起伏。学生离开学校后谈恋爱这种事居然会告诉以前的班主任，而不是家长，哪里的学生会这样？

第六，积极向上。我在衡水中学听到最多的话就是"我会努力的!"那是学生发自肺腑的心声,我在其他中学从来没有听到一个高中生这样明确、大声、坚定地跟一个陌生人这样说出自己的目标,他们的整体精神面貌是奋发的、昂扬的。

第七,良好的学习氛围。即使是不怎么爱学习的学生,到了衡水中学这个环境,也会脱胎换骨,变得爱学习。因为除了学习,你没其他事可做;不爱学习,朋友都没有。

第八,活动是丰富的。从他们的宣传中可以看到他们丰富多彩的文体活动,甚至取得了相当不错的成绩,比大部分的重点高中要出彩。

第九,开眼界的。衡水中学的学生是不会像其他中学的学生那样都能出国开眼界,但他们每年都能看到全国100多所大学进校宣讲,清华、北大甘心年年来站台。

第十,家长是省心的。客观上家长是帮不上忙的,几乎没有跟孩子相处的时间,放心把孩子交给衡水中学就行,衡水中学的教师也是这个时代最富奉献精神的人。

衡水中学的学生目标明确,生活简单,分秒必争,是中国最幸运的一群学生。

以下是部分读者的留言,全部是家长写的,清一色表达了对衡水中学的肯定和感谢。

"家长是最省心的!说得太好了。"

"应该说孩子在衡水中学读书,家长不只是省心更是放心。"

"把我这个衡中学生家长的心里话说出来了,嗯,确实孩子一入校省心多了,孩子在学校浓厚的学习氛围中,都很上进,很快乐。记得今年北京疫情期间，衡中突然放假，有个女孩出了校门了，坐在马路边不愿走，家长在旁边无奈，我家孩子也说不想放假。"

"我是高一的家长，最有体会的是老师对孩子的关心和鼓励，老师说作为家长孩子很小的进步都要鼓励，而退步要包容，这样的老师难道会培养出考试机器吗？"

"孩子来衡中的两个月有了很大很积极的变化，开始有了自己的奋斗目标。"

"透彻分析，解读到位。"

"各种黑，各种吐，那是为什么呢，那是各种妖魔鬼怪的妒忌在作怪。我是一名衡中学子家长，感谢衡中，感谢衡中老师，感谢给了孩子和家长一个衡中这么好的平台！"

"家长省心，这句话总结的最到位，把孩子送到学校，只负责饭卡充钱就好。"

"家长省心，这点感受太深了！家长省心的背后是学校和老师们的付出，感恩！"

"很幸运，女儿成为其中的一员，学校真的很棒，是无悔的选择。"

"衡中没有神话！只有老师辛苦付出和孩子们勤奋学习！只有深入衡中才会知道！老师付出的多大，多么的辛苦！从早上5:30孩子们起床，到孩子们11点入睡都有老师在陪伴！感谢班主任安老师！感谢衡中所有的老师们！"

"感恩遇见，幸福的衡中学子。"

"这样的中学存在肯定有它的道理。"

"衡水中学的老师确实是这个时代最具奉献精神的人，能写出这种文章了解得太深入了。"

你不想培养个传统的孝顺孩子吗？

美国前总统尼克松在《1999，不战而胜》一书中写道："当有一天，中国的年轻人不再相信他们老祖宗的教导和他们的传统文化之时，我们美国人就已经不战而胜了。"

"百善孝为先，孝为百行首"，这是中国从古至今的道德高地，也是儒家文化的核心，是中国传统文化的基础。

"常回家看看"，甚至在 2017 年被立法，从国家法律层面希冀关注老年父母的精神需求，不得忽视、冷落老年人。

《三字经》《论语》等国学巨著，内涵之一就是孝顺。

孝顺父母，孝顺老人，这是我们从小就对孩子进行的品德教育。当然，你也可以理解为这是一种感恩教育，比如，曾经很流行的让小学生回家给父母洗洗脚，甚至有些地方举行了大型的、公开场合的给父母洗脚活动。

在家里，你希望按照中国的文化、传统、思维、意识和观念来教育培养孩子，你投入那么多精力、砸那么多钱，甚至搭上了自己的事业，难道希望自己的孩子将来事业成功、富甲一方却一年也没法来看你一次？将来自己孤零零地老死在养老院？东方文化中子孙绕膝的天伦之乐实际上欧美老人也是非常羡慕的，是老年生活的幸福源泉之一。

网上曾有个热门话题"你愿意孩子成为年入 20 万美元但关系淡漠的背影，还是在麦当劳打工的温馨小棉袄？"不是说读国际学校或去国外读书的孩子就一定不孝顺，但这个孝文化在中西方文化中的冲突还是很明显的，在西方文化中是不进行孝顺教育的。

西方对孩子的教育核心是把其培养成一个合格的社会人，是一种公民教育，崇尚独立的人格。父母即使到了耄耋之年，也普遍独自生活，即使有困难，也是首先求助于社会，而不是子女。孩子成年后，也从来没想过反哺之类的事，赡养那是国家的事。所以，西方的孩子成年后与原生家庭的关系要比中国淡漠得多。

年幼的孩子就像张白纸，接受什么样教育就朝什么方向发展。

中西方文化的巨大差异在伦理上表现为对"孝"的理解和行为的鸿沟。

在中国，父母对子女无论在感情上，还是物质上的投入都是巨大的，是倾其所有的，古有孟母三迁，今有择校而居。即使在子女成年后，依然会倾尽全力。中国年轻人平均 27 岁就买房，就是靠父母甚至爷爷奶奶几代人的全力支持，基本是耗尽所有家产，"6 个钱包"都砸在了子女的房子上。还要老骥伏枥为子女继续照顾孙子孙女，直至孙子孙女成年，然后到花甲岁月才能解甲归田，为自己打算。

我们文化的根中，生命似乎不是为了自己，而是为了后代。中国人不停地劳作，不停地攒钱，不停地买房子，像蜗牛一样忍辱负重慢慢爬，因为我们相信总有一天后代能过上更好的生活。为了这个"未来"，我们中国人不惜牺牲自己的一生去劳动，更不要说什么周末、假日了。

2020年新春电影《囧妈》，其中母亲的一句话代表了大多数中国父母的心声："我这一辈子，就是为你而活着。"每到高考结束经常会掀起一波离婚潮，这其实背后反映的就是中国式婚姻里很悲哀的一点：没有了爱的夫妻，维持婚姻只是为了孩子。中国父母所有的一切似乎都是围着孩子转，他们的生命好像只是为了孩子而存在。

在中国式亲子关系中，有一个共同点，那就是：父母总认为孩子是自己的私有财产。他们以爱之名强加给孩子各种束缚，而在心理学上父母的这种行为被称为"高压型控制"。

"我是你妈，我不管你谁管你？"中国孩子大概都很熟悉这句话。

父母倾其一生培养和帮助了子女，子女当然应该在父母老去后尽赡养义务，这好像是一种责任和义务的对等，这于双方都天经地义，甚至上升到了法律层面。

父母爱孩子是本能。在西方，在孩子未成年时，父母也一样是投入很大的。在美国、英国，学区房也是很贵的；为了考入一所好学校，家长也是很拼的。但是，子女一旦成年，他们都会"被赶出家门",自食其力。比如北欧的孩子高中开始的打工就是为了尽快脱离父母,成年后与父母住在一起是一种耻辱。比如,读大学期间,西方的学生普遍借贷付学费,工作后自己还贷,而我们的孩子清一色地由父母支付学费和生活费,打工只是多挣点零花钱,或者积累点社会经验。中西方各自都认为理所当然。

西方人结婚,很少有父母帮助买房的,普遍都是租房结婚,自己欠的债务都将由自己承担,父母是不会替你支付首付款的,这就导致了发达国家年轻人买房年龄远比中国人推迟很多。

生育后,也没有父母帮忙带孩子的。西方女性不那么娇气,生完孩子第二天就回家做饭。经常看到新手妈妈又带娃来又做饭,根本不需要外婆奶奶,阿姨保姆。左手拎一个,右手拉一个,甚至三个、四个,完全没问题。

当然西方人也不需要赡养父母,因为他们有健全的社会养老体系。养老金高的,住高级的私人的养老院;穷人,住公立养老院,设施也不差。

美国法律规定父母抚养子女是必尽的义务,但没有规定子女必须赡养父母。

中国的孝文化包含了赡养的义务,而西方的孝文化不包含赡养的义务。

中国孝敬父母是以责任、义务为基础,在西方家庭,孝敬父母更准确地说是"尊敬"父母,西方孩子的成长过程没有受到必须对父母尽孝的教育,西方父母的老年也从来没有幻想过自己的孩子来护理，双方自始至终都是相互独立的。

台湾作家龙应台也曾在《目送》中说："所谓父女母子一场，只不过意味着，你和他的缘分就是今生今世不断地在目送他的背影渐行渐远。"只有当父母意识到这一点，才能确保孩子成长为一个拥有独立人格的个体。

独立的个体是首位，其次才是家庭关系。首先要尊重个体，做一个独立的人，拥有独立的人格，这才是一个立足于社会，立足于包括家庭关系在内的各种社会关系的着力点。这一观点中国文化还没有普遍接受。

如果在孩子很小的时候就送去外国读书，如果寄宿在外国人家庭，那孩子和父母的亲子关系就是个挑战。孩子本该享受亲情呵护的时候，被迫和父母分离，这和国内的留守儿童又有何差别？孩子会感觉孤独无助，亲情变得冷漠。没有良好的亲子关系，其他就成了无本之木、无源之水，幸福就有缺憾。

将来不管是孩子回国，还是在国外生活，孩子融不进父母的生活中，父母也走不进孩子的心里，你还指望孩子的"孝"吗？

从感恩这个角度，我们的文化更多地强调对父母的感恩，强调这种基于血缘关系的感恩，不少的公众号、不少的鸡汤文章反复在说："不懂感恩的孩子，永远学不会孝顺，也无法过好这一生。不懂感恩的孩子，只会肆无忌惮地索取，终将喝光父母的'血'，让家庭逐渐衰败。"

西方的感恩宣扬不少来自《圣经》，但宣扬更多的是一种大爱、博爱，即使是对父母的爱也是建立在与父母平等交往的基础上。

我们有些家庭收养孩子大多是因为自己没有孩子，潜意识里是种"养儿防老"的想法。

好莱坞巨星茱莉和皮特夫妇有三个亲生孩子，但还领养了三个孩子，分别来自柬埔寨、越南和埃塞俄比亚。我国曾经的一个百花奖电影明星在发现自己怀孕后，马上遗弃了领养的孩子。

当然，就像"一屋不扫何以扫天下"一样，一个人如果连自己的父母都不爱、不感恩自己父母的辛苦付出，将来无论如何是不可能感恩其他人的。

如果你的孩子就读的是国际学校，尤其是那种从小学就开始的国际学校，长此以往，既没有受到中国传统儒家文化的熏陶，也没有从小聆听过《圣经》的教诲，结果有可能既缺失基于血缘的对父母的孝，也缺失对普天下的博爱。千万不要认为读读《三字经》《论语》就能懂得孝道，也不要认为做做义工、去了几次养老院、捐过几次款就能理解博爱。

情感的熏陶需要一种文化的长期浸润，这种文化不仅来自原生家庭，也与学校、同学、老师有关，更与你身处的社会大环境息息相关。

"我们如此深爱我们的子女，他们将来爱我们吗？"

当有一天我们真的老了，眼花了，耳背了，拄着拐棍颤颤巍巍。病了，痛了，我们动手术、进养老院，却找不到我们的孩子来签字。我们唯一的孩子，唯一的骨肉，住在隔着太平洋的地球的另一边，他要回来看望我们一趟，需要做个远期规划，要请假、调休，需要花大把美元，我们要好几年、十几年才能见到一面，虽然可以视频相互问候，但是年老的我们，还是想再为他们做一顿有着"妈妈的味道"的饭，拉一拉他们有力的手，摸一摸他们明亮的额头，或者叫他们为我们盛一碗饭、端一杯茶、擦一把脸。可是，远隔千山万水，年老的我们要如何安放我们的相思，感受我们骨肉的肌肤？

过年了，窗外爆竹声声，室内热气腾腾，那是一个举家团圆的日子。隔壁邻居家的孩子曾是那么没有出息，连个普高都没有考取，也许只是在超市收收银、理理货，但现在却带着自己的媳妇孩子与老父老母举杯交错，新人新衣，老人发发压岁钱，孙辈磕头跪谢，虽是粗茶淡饭，却是暖意融融、热情洋溢。而我们苦心培养的孩子虽然有出息、事业发达，却只能通过电话祝福，年老的我们烧了一桌子菜，却没有人来吃、没有人来看，饭菜慢慢变冷，我们的心也在慢慢冷去，老眼昏花的我们能承受得住隔壁的欢声笑语吗？

消失的隔代亲。虽说现在的中国也基本没有了四世同堂或者五世同堂，但隔代亲还是很普遍的，现代社会的激烈竞争，几乎没有几个父母不在帮着带孙辈，十多年的共同生活，祖辈跟孙辈不可能没有感情，这就是中国特有的隔代亲。但是，如果你花了大半辈子积蓄送孩子去国外读书，然后他们将来在国外工作生活，那你肯定就失去了这个隔代亲。不要说感情，首先的障碍就是语言。

在孙辈的眼里，中文是一门陌生的、属于爸爸妈妈的语言，对他们来说，也许学中文还不如学小提琴，又费时间又难学。于是，最常见的情景就是你的孩子跟你的孙子孙女半中半英地交流，而你只是习惯性地笑着沉默，不单单是因为你只能听懂这些对话中的一半，还因为不知道自己能说什么、可以说什么。

也正因此，祖孙之间重重叠叠地隔了年龄、语言、文化、传统等等很多层。这样的疏离感，也导致了两代人之间亲密关系的缺失。无论你的孩子带孙子孙女回来看望你多少次，都弥补不了这个缺憾。

虽然是亲孙辈，你却感觉像个局外人。

人老了之后就会返老还童，就像无锡人的口语"老小"一样，更渴望爱、渴望关心，更害怕孤独。晚年的孤独就像是一张巨网，你的孩子和孙子远在大洋彼岸，无人聊天，也没有亲人解读你的孤独与寂寞，所以即便你衣食无忧，但是内心的缺失总是你这一生永远的遗憾。

关于出国读书

　　我是支持孩子出国留学的，但指的是成年后的留学。一个人在他的一生中有一段若干年的出国经历是很有裨益的，既丰富了他自己的阅历，也扩展了他自己的世界观，充实内心的同时，既不会妄自菲薄，也不会妄自尊大。越是在全球化退步、民粹主义盛行、大家越来越保守的时期，越是需要逆行者，越是需要你走出国门去看看外面的世界。留学中很重要的一部分不是学了什么具体的技能，而是"我增长了胆识，我体验了国外的生活，我见识了哈佛'不过如此'，这会增加我的自信心"。

　　就经济成本来说，出国读研究生最低。美国两年，费用在80—100万元；英国一年，30万元；澳大利亚一到两年，每年最多30万。这点在印度学生中特别明显，印度学生出国读研的比例很高，其他阶段出国读书的不多，主要就是经济考量。

　　就性价比来说，出国读研拿工作签证最划算。比如美国2018年有超过23万名国际学生用抽签方式分享8.5万个HIB（特殊专业人员）工作签证，其中6.5万个是给大学学位及以上学历的申请者，而另外 2 万个将留给硕士及以上学历的申请者。美国对研究生及以上学历的多一次工作抽签机会，研究生中签率高许多。

就学生成熟度来说，经过大学四年，身体上、思想上完全成熟，对专业有了较深的了解，对于自己是否继续在本专业读，还是换个专业读都有清醒的认识，不会再出现在本科阶段的迷茫。娇生惯养的独生子女，在国外更容易被打磨成拥有独立精神的社会人。

如果家里经济条件许可，我倒是支持让学生出去读研，"读万卷书，行万里路"。读万卷书，在国内也可以完成，在任何一个地方都可以完成，但有很多时候，经历比知识更重要，真正的教育是"自己教育自己"。"知道"和"经历"是两回事，"知道"可以通过读书来获得，但"经历"需要我们深入其中、感同身受。我们的人生就是由这一段段经历构成，无论如何，国外留学的几年经历将是我们一生中的一个华彩乐章。

趁着年轻，有条件的可以出去看看，"行万里路"。也许工作以后，也有不少去国外出差的机会，还不花钱，但那是工作，有压力且旅途劳顿，匆匆几天或几周短暂的停留，完全不足以对当地社会和生活的了解。周游世界 30 国，都不如你在某个国家留学 1 年。

作为年轻人，希望你们在步入社会之前，在建立自己的世界观、价值观之前，多走走，多看看，多听听。比如去中国台湾书店看看，去看看中国台湾人是怎么写的抗日战争、3 年内战；

去美国的图书馆看看，你就会有很多新的收获。

我们不要担心这些年轻人的思想会不会被带偏，看得越多，听得越多，他们越能明辨是非。君不见，国外的华人往往比我们更爱国，容不得别人非议祖国。

至于对出国读研的国家的选择上，我个人建议优先美国。全球排名前100的大学，50%以上都在美国，美国前50的大学都是国际上响当当的名牌大学，而不仅仅是常青藤。

美国的硕士研究生教育跟本科有本质区别，本科还强调素质教育、通识教育，但研究生就是为就业准备的，认为是某种意义上的技能训练也未尝不可，所以，研究生教育普遍是收费的，除非你特别优秀。只有博士研究生学费全免，还提供基本生活费，让你全身心投入科研，免去柴米油盐之苦。现在几乎全球的博士研究生都是这样的，都是提供费用的。

至于留学的国家，不推荐去那种研究生只有一年制的国家，除非你能去剑桥、牛津，原因有三。

第一，研究生只要读一年，实际上只有6到8个月的在校学习时间。在权威的QS世界大学排名里，拥有全球前100院校最多的国家，除了美国，就是英国了。确实是，英国大学科研实力强劲，但你适应英国大学课堂及生活起码也要2—3个月吧，结果，适应后不到半年，你就该毕业了。

不到一年的时间，硕士就毕业了，你自己不觉得害怕吗？扪心自问，你达到硕士那个能力了吗？

也许有人会说国外大学教育鼓励大家进行创造性思维的思

考，鼓励大家在相关领域或专业机构进行实习、研究，那美国大学就不鼓励了吗？也许有人还会说欧洲文化底蕴深厚，留学的同时还可以了解到当地文化，扩大交际圈，请问仅仅2—3个季度的时间，除了学习有时间去了解吗？

第二，去欧洲或澳大利亚读研只要准备一个雅思就够了，但去美国，却需要跟美国本土学生一样，除了语言能力的托福或者雅思外，还要考个 GRE 或 GMAT。GRE 和 GMAT 跟雅思的难度区别很大。

实事求是讲，一些没有提前规划的、不想去工作的学生，会选择去欧洲或者澳大利亚读研，但不会去美国，因为去美国的准备期比较长，也比较辛苦。

GRE 词汇古怪、生僻、拗口，需要顽强的意志来完成，我觉得这正是出国读研的意义所在，连 GRE 的苦都吃不了，连 GRE 都战胜不了，凭什么拿着父母几十万元的血汗钱去挥霍？

第三，硕士毕业后留在欧洲工作的机会微乎其微，欧洲普遍不是移民国家，对工作签证卡得非常严。比如，自从英国2012 年 4 月起正式取消 PSW 签证（即在英获得本科、硕士等文凭的留学生毕业后，允许在英国工作 2 年）。该政策取消后，留英学生几乎没有希望留在英国当地工作或者居留了。

如果孩子去国外读书了，千万不要随便在金钱上满足他。不要指望孩子到了国外，他自然就会长大了。美国本土的学生普遍在打工，你的孩子为什么不能？为什么不能在学校餐厅端盘子、在宿舍楼打扫卫生、在实验室管理设备？美国学生普遍开的是破旧的二手车，一般在5000—8000美元之间，很多都是他们自己在暑期打工挣的钱买的，为什么你的孩子要开2万美元以上的新车？虽然美国的豪车要比国内便宜不少，一台宝马X55万美元左右，只有国内的一半价格，但这跟学生的身份不配，"穷"学生就该开"穷"车。

如果有人要问我："要不要留在国外工作，比如美国？"

我会这样回答："你要先问问自己的内心：你将来要过什么样的生活？如果只想平平安安，上班下班、老婆孩子热炕头，那待在国外好；如果你还有激情、有梦想，那中国才是这片热土。"

以美国为例，从OPT到工作签证到绿卡，将是一个漫长艰辛的过程，一旦当中某个环节没有衔接好，立马变成非法居民，只能马上打道回国。其间干着最累的活、拿着最少的钱、加着最多的班，不敢有任何怨言，可能还要遭受那些种族主义者的歧视。等你拿到了绿卡，棱角早磨没了、野心早埋没了、斗志早涣散了，只想做个普通"美国人"，岁月静好。

好处是，只要你一技傍身，有份工作，做个中产阶级没问题，房子、车子、菜篮子都是与你的当地薪水挂钩的，不大会出现在国内北上广深工资赶不上房价那种情况。

但如果你想往上走，进入管理层，或者成为合伙人，基本不大可能，这就是所谓的国外职场的天花板，原因很多，在此略过。

甭管中国现阶段问题多多，比如环保、教育不公、房子太贵，但一个不争的事实是中国的发展突飞猛进，14亿人口就是一个天量的市场。人工智能引领的第四次工业革命，中国正走在世界的前沿。看看2018年1月在美国旧金山的世界规模最大CES的参展商，90%都是中国公司，深圳一个城市的公司就占了70%，谁还敢说未来的高科技不在中国？

所以，如果你想创业、想成就一番事业，最好的土壤肯定在自己的祖国。

至于要不要直接送孩子去美国读高中，我是持反对意见，一些留学机构对美国高中的吹捧不少是纯粹的以盈利为目的的忽悠。

第一，我特别反对把孩子一个人送到美国去读高中。

无论这个孩子读书有多么自觉，成绩有多么好，都不要轻易把孩子送出去，尤其是让他一个人出去。要知道，高中是一个人世界观、价值观开始养成的关键时刻，特别需要家长恰当的引导。人之所以成为人，核心是其人品，包括他的个性、他的素养、他的意志等等，技能只是用来谋生的手段，好的学习成绩也许可以帮助他去一所更好的大学，挣到更多的钱，但不一定能提高他的人品。世界观是一个人对这个世界的看法，价值观是他对这个世界的态度，不管是看法还是态度，都不是一蹴而就的，是在学习、观察、实践中逐渐形成的，这个过程中最好的导师就是其父母，其人生经历就是最好的教材，孩子也可以从父母的日常言行中潜移默化。

第一重要的，也是唯一重要的，就是要培养孩子的爱心，培养一个心地善良的孩子，让他能善意地看待这个世界，孩子的世界观和价值观都应该围绕这个来形成，这跟其父母是文盲还是博士、贫穷还是富贵都没有关系，贫穷父母如果能将仅有的一个馒头拿出半个来送给一个乞讨者，其孩子的价值观一定是正面的、友善的。

在国内读高中，不管他是住校还是走读，孩子与家长总是有许多朝夕相处的时间，一起吃饭、一起运动、一起旅游、一起购物等等，在这些"一起"中，家长可以主动向孩子分享做人的道理，讨论社会热点话题，比如，老人摔倒要不要扶，是真乞讨还是假乞讨，如何看待炫富、网红，等等。孩子的价值观一旦发生偏离，也是父母最早发现的，能予以及时纠正。比如，盲目攀比、疯狂追星等。

但是，孩子如果一个人在美国，你最多能看到他的学习成绩，根本没法知道他的日常，没法知道他的所思所想，在精神上和思想上比较难沟通。进入一个陌生的国度、陌生的教育体系，文化冲突、种族冲突、不同的评价模式，都将带给孩子更多的孤独和寂寞，这种心理上的失落容易给孩子的价值观带来负面影响。所以，无论他的学习成绩有多么优秀，去了多么好的大学，但如果他不是一个心地善良的孩子，不是一个关爱他人的孩子，实际上他将来的人生也是走不远的。跟孩子在电话里、网络上高谈阔论、泛泛而谈是起不到任何效果的，一定要从日常生活的细微之处正确引导，而这需要父母跟孩子一起生活，这个要求本来是不高的，但如果送孩子去了美国读高中，这就变成了一种奢侈。

第二，国内大部分的高中，真不比美国差。

中国的教育体系，中国的教材，是经过千锤百炼，浸透不少专家心血的，适应中国国情的，真不能以偏概全，一棍子打死，中美教育，各有千秋，并不是美国的月亮就更圆。

首先，要肯定的是国内中小学教师高度的责任心，不管是班主任还是课任老师，绝大部分都是热爱本职工作，热爱学生的，因为在中国，教师的社会地位和薪水还是相当不错的。尤其高三教师，早上 7 点到校，晚上 9 点才离开，一天工作 14 个小时，这在任何一个国家都不可想象。班主任不仅要上一门学科课，还要管理班级这个集体，要搞活动，要搞比赛，要组织学生春游秋游，要管学生的思想，要管学生的精神，要管学生的身体，这种高度的责任心在任何一个国家是不可能做得到的，因为那里压根就没有班级，更不可能有班主任。

其次，中国的数理化教材真的是一级棒，深度和广度远超美国。即使是一个文科生，其高中数学难度也远远甩开美国几条街。所以，经常有国内文科生去美国读统计、读数学的。

当然，你能会说去美国读高中，英语可以得到大幅度提高，尤其口语。确实是这样，毕竟是全英文环境，如果听不懂，看不会，孩子很难生活。但是，孩子们难道将来一定要靠英文吃饭吗？难道将来回国想做英文教师和英文翻译？如果不是，那技术要比英文重要得多，中国目前这个阶段，甚至 20 年后，社会对工程师这种技术人才的需求要远远大于外语，这就是为什么曾有人说"学好数理化，走遍天下都不怕"，在很多工作中，英文只是一个工具，不能称为技术能力，我们绝大部分人是要靠技术吃饭的，英文只是锦上添花。

最后，我们中国的班级这种集体可以称得上是世界上最好的一种团体组织。

我们这种固定的班级，固定的教室里坐着固定的学生，学生的座位也是固定的，这才是真正的同学，在一个班级共同学习了三年，每天至少8个小时，才有班级群、班级聚会，才有同桌、上下铺、对面的兄弟，才有班长、副班长、各种委员、各种组长、各种课代表，才有温暖的同学情谊、同学恋情。

美国高中的教学模式决定了他们完全没有我们这种固定的班级，他们采取的是一种走读模式，老师固定在某个教室，学生轮番过来上课，跟我们完全相反，我们是学生固定在教室不动，老师去某个班级上课。另外，他们采取的学分制、选课制，打破了年级的概念，学生按自己的能力选课。比如，你数学可能是跟十一年级的人一起上，英文可能跟九年级的一起上，学生在不同的课上，会碰到不同的人。这点在公立高中尤其明显，因为一所公立高中基本要上千人，一个年级几百人，一个班级原则上不超过30人，所以，很少会有两个人同一天一直在一起上课。这样，整整4年下来，就基本没有同学概念了。

美国的这种集体观念可以通过其他方式加强，比如各种俱乐部、各种乐队、各种运动队，但更多的学生是一个队都不参加的，因为他没有任何特长，或者对任何一个队都不感兴趣，就这样4年过去了，他可真就没有什么同学回忆了，只有一个校友印象，这印象可就模糊了。

当然美国高中的优势也有不少，比如鼓励阅读、尊重个性、因材施教等等，我最为欣赏的是他们的辩论。美国高中，无论私立，还是公立，无论是10分的优质高中，还是5分的普通高中，都有辩论俱乐部，经常举办各种辩论赛，校内辩，校际辩，这是中美高中教育的又一大区别。

美国基础教育阶段对辩论的重视跟其国情有关，各级政府官员，从市议员、州议员到参议员、众议员，无不是一轮轮辩论过来的，总统选举更是将辩论推到登峰造极的地位，律师、公司高管等等，也都是辩论的好手。美国的教育也鼓励学生彰显个性，大胆问，大胆讲。

客观上，辩论是语言能力的一个综合训练，不管是自己申论，还是反驳对方，都是由一个论点展开，辅以各种论据支持，主题和线索非常清晰，而且需要辩手当场提炼、当场总结、当场反驳，这是典型的提炼中心思想和段落大意，不仅考验语言组织能力，也考验逻辑思维能力。辩论对阅读理解能力和写作能力的提高都是极具帮助的，辩论中采用的语言带有书面用语的特点，不是我们日常说的口语，记录下来就是一篇典型的三段论式的议论文，而SAT中的作文部分考查的就是这种类型的文章。

所有的辩手，其阅读和写作都是非常出色的，国内高中在这一点上应该向美国好好学习。记得有个模拟联合国辩论赛，国内高中英文特别好的孩子会参加，据不完全统计，能进入这个比赛的孩子，托福都在 100 分以上，SAT 在 1400 分以上，这在美国都是相当不错的成绩，有了这个成绩，进入美国排名前 50 的大学基本没问题。

辩论与阅读和写作的能力绝对成正相关关系，是最好的一个素质锻炼途径，因为不在应试范围内，所以在国内被普遍忽略了，不得不说是个非常大的遗憾。

第三，不能不考虑留学的性价比。

不管是高中、本科，还是硕士，留学大军中绝大部分人其实是来自国内的中产阶级，媒体中有关留学生富二代飙车炫富，实在是个例。

比如一门简单的微积分课程，在国内任何一所正规的普通大学，学习一整年的微积分，最多 1000 元人民币。但是，在美国任何一所大学，无论是公立，还是私立，要学完国内微积分课程的所有内容，至少需要 1 万美元，按现在的美元人民币汇率，就是需要 6.5 万人民币，1：65，这是什么样的性价比？学的可是完全一模一样的内容，公式概念完全一样，只不过一个用中文读、一个用英文读，这值得吗？

所以，千万不要再说出国留学有什么好，美国的教育是多么的启发人的心智，开启人的灵魂，亲爱的父母们，请认真想一想，如果就学微积分，值得你花 1 万多美元吗？

对富豪家庭、富贵人家，这点钱也许真不算什么，但对中产阶级，我们能不考虑吗？

高中四年，至少需要25万美元，本科四年，也至少25万美元，一共50万美元，300多万人民币不是一个小数字，很可能是中国父母半辈子的积蓄。

第四，将来的职业规划。

在美留学生数量实在太过庞大，全球经济又如此不景气，实际上，留学生毕业后，无论本科还是研究生，留在美国工作的机会非常少，尤其美国采取的工作签证中的抽签制，使留学生越来越难留在美国工作。

即使留下了，为了那张绿卡，一旦在职场上受到不公正对待，你也大气不敢出一口。有的干着最苦最累的活，拿着最低的薪水，只为了那张绿卡，大好的年华就在这种等待中蹉跎过去了，等那张绿卡拿到了，棱角没了，锐气没了，理想早就随着那张绿卡随风飘走了。

即使是正宗的美国长大的ABC，只要长着一副亚洲人的脸，在美国的职场生涯中也会受到或多或少的歧视，更甭说是没有合法身份的外国人。在美国一个简简单单的安身立命就相当不易，所以，理想和前途，基本没有什么希望，大多数人的追求是有份糊口的工作就行，合法地留在美国、合法地工作，就是许多留学生最后的目标。

可悲！

在美国做个底层的人，这就是我们送孩子出去的目标吗？

退一步，如果让孩子留学后回国工作，会是什么样的结局呢？尤其是那种高中都是在美国读的留学生。

如果孩子在美国读了四年高中，毫无疑问，本科、研究生肯定也在美国读，其家庭要付出几十万美元的学习生活费用，对这个孩子来讲，他如果回国工作，也将困难重重，这困难来自多个方面。

首先，从此他在国内几乎没有同学圈。

微信群里的各种同学群再也没有他的份，各种同学大小聚会也没有，除了同事，几乎再没有什么社交圈。"同桌的你"，到时你唱给谁听？谁又愿意唱给你听？

接着，他马上面对薪水上的打击。

现在留学生数量实在太大，能力也参差不齐，再说，国内的很多没出过国的学生英文口语也一级棒，所以，留学生整体上跟国内名牌大学毕业生比，并无多大优势，只是在英文口语上略胜一筹，专业能力上的优势不明显。但是，留学生可是付出了几十万美元学费的，而国内学生只是几万元人民币，但是他们的起薪标准基本是一样的，甚至有的还不如国内名牌大学毕业生。这时，无论这个留学生还是其家长，有时对比是很难接受的，这几十万美元的学费投资不知何年能收回。

最后，他很有可能在国内职场中会因为"情商"不高，升迁受阻。

留学生在国内的职场升迁也不一定比国内毕业生好，因为他已经习惯了在美国生活的时间越长，受美国社会的影响就越大，美国是个法律制度相当完善的国家，一切按照规则办事，既没有潜规则，也不讲人情，看能力，讲证据。

第五，注重对孩子的心理指导。如果一定要送未成年的孩子去美国留学，陪读的家长要有对孩子相当的指导能力，尤其在心理方面，而不仅仅是做饭打扫，停留在起居的照顾上，应该做孩子的导师、朋友，而不只是个生活保姆。

不管送孩子去美国读初中还是高中，不管这个孩子持有什么样的签证，或者持有绿卡，也不管这个孩子的英文水平到底怎么样，从中国教育体系进入美国教育体系，对这个孩子都是不小的挑战。

因为这不仅仅是读书，更多的是生活，如果是高中，就是四年美国生活，如果是初中，就是七年。

既然是生活，那就琐碎了，那就细枝末节了，那就涉及方方面面了。就像三棱镜一样，生活中的任何一面折射出来的都是冲突，文化上的冲突，价值观上的冲突，同学之间的冲突，饮食习惯上的冲突，这些冲突全部放在一个少年身上，未免太过沉重。

比如，美国的女孩子从小学一年级就开始涂指甲，美国家长都习以为常，估计中国家长没有一个看得惯；美国家长鼓励自己的孩子在高中阶段就开始男女生交往，中国家长大多以妨碍学习为由反对，不支持早恋；美国高中经常有女生大着肚子或者带着婴幼儿来上学，甚至学校还得帮忙照看那个婴幼儿，中国家长要是看到了，估计震惊得眼珠都要掉出来了；至于着装打扮上的就更是奇形怪状了，趿拉着拖鞋的、鼻子上穿着环的、画着烟熏妆的、头发五颜六色的。

对这些所有的怪异，美国人早就见怪不怪，视而不见，他们认为这是个性，这是隐私，只要不妨碍他人，都无权干涉。而我们的孩子相对中规中矩，经常被形容为"按一个模板从流水线上生产出来的"，没有这种张扬的个性。

第六，孩子将来要过什么样的生活。

孩子一定要想明白，将来他要过什么样的生活，然后才能决定在哪里工作。

如果只是想过一个普普通通的打工者日子，安安稳稳，平平静静，上班下班、老婆孩子热炕头，没啥大追求大理想，甚至混到公司中层的想法也没有，那在美国的生活要远好于中国。在美国有了工作就有了一切，即使是一份简简单单的、最底层的码农工作，也能让他和他的家庭得到所有的基本保障，因为房价基本和当地的工资收入挂钩，一般是家庭年收入的7—10倍，不会像国内北上广深这样疯涨。所有的吃穿住行都和工资相匹配，收入低的可以去 WAL MART 购物，收入高的则可以去有机食品超市 Whole Foods，各有各的去处，各有各的活法。

但，如果想过有激情的生活，想自己当老板，想做领导，想上财富榜，那一定要回中国，只有在这个故土上才能实现你的理想或梦想，而且这个市场更宽更广，越是方兴未艾、越是市场不成熟、不完善，才到处都是机会。周围都是你的同类，你们同宗同源，你更了解他们，他们也更认同你。

如果你有梦并愿意追逐这个梦的话，中国，才是你梦开始的地方。

中国最需要改革的是高等教育

2021 年 3 月 1 日，国际权威杂志《自然》(《Nature》) 子刊《人类行为》刊出的一份研究报告没有引起国人广泛关注，似乎这是一份"负能量"的报告，尤其与当前全国高校正在推进的思政运动格格不入。

这项研究从 2015 年开始，历时 4 年，包括 4 个国家的 3 万多名计算机和电子工程专业的在校大学生。学生来自 4 个国家的百余所大学，包括中国的 36 所大学（7 所重点大学和 29 所普通大学）。这项研究由斯坦福大学牵头，来自加州大学（伯克利分校）、美国教育测验服务中心（ETS）、北京大学、清华大学、河南大学、济南大学等 4 国机构的研究人员参加了这项研究。这项研究测试批判性思维水平的工具是美国教育测验服务中心 2015 年推出的最新《批判性思维（Critical thinking）测试》。

这项研究的主要结论是：在批判性思维水平方面，中国一年级大学新生虽低于美国，但高于俄罗斯，远远高于印度。经过 4 年的大学学习，中国学生的批判性思维水平不升反降，不仅被美国学生远远甩下，而且被俄罗斯的学生超出。虽然仍高于印度学生，但与大一时相比，距离明显缩小。

在最初进入大学后，俄罗斯工科学生的表现优于印度学生、但低于中国学生。就在学习过程中的发展技能而言，这3个国家学生的表现都逊于美国学生。俄罗斯专家说："我们发现，随着学生学习的进展，俄罗斯和印度学生的批判性思维能力大致保持不变，但中国学生却出现了下降，反而美国学生出现了进步。"研究人员指出，这是一个非常严重的问题，因为技术变化很快，为了能够掌握新的技术，学生不仅需要对学科领域知识掌握牢固，还需要掌握新技术。

另一个意想不到的结果是，中国工科学生的学术能力也是逐渐下降的。

"中国大学生在入学时有极高的技能水平，但在大学学习过程中，这种水平会下降。无论是物理、数学和批判性思维方面都是如此。我们在精英大学和大型大学都观察到了这种情况，尽管程度不同。可能是因为中国大学本科教育强调讲课，对导师的要求不像俄罗斯和印度那么高。"

中国、美国、俄罗斯和印度这4个国家都以其工程专业知识而闻名，在很大程度上决定了世界各地的技术进步。而教育领域的表现对于谁将赢得未来的科技竞赛起着决定性的作用。

高等教育的本质，就是要面向未来，培养未来的人才，探索未来的领域。

大学4年，中国学生能力逐渐下降，至少从这份调查报告上看。

今天，中国高等教育学校达 2000 多所，每年毕业大学生突破 800 万人。自 1999 年开始，我国高等教育由精英阶段向大众化阶段演进，上大学已经不是新鲜事，大学生不再像 20 世纪 80 年代那样被称为天之骄子。

今年硕士研究生招生上百万，博士研究生突破 10 万，规模也已经是全球最大。自 1981 年恢复博士招生，我国博士累计招生近 150 万人。

英国本科 3 年，硕士 1 年，我国本科 4 年，硕士 2—3 年，中国学生在大学学习时间远超英国，人数更是翻了几番。美国本土人读研的很少，比例远低于我国，将近一半都是中国、印度等留学生在读。

跟欧美发达国家相比，我国接受高等教育的人数和时间都远远超过他们，我们的中小学初等教育又是举世瞩目的扎实，照理说，我们的高端人才储备应该是非常充足的。

所以，如果我们的高等教育不给力的话，不仅仅是国家财政的巨大浪费，也是一种巨大的人才浪费。

教育，总是个全民话题，但，绝大部分都是围绕着大学前的教育，大家谈论的多是中小学教育和学前教育，因为这个最接地气。我国已经消灭了文盲，所以，在中小学教育这件事上，全民都有发言权。

我们对比中西方教育，不能厚此薄彼，只有正视自己的短板，才有改进的动力。国内的现实情况是：一批又一批优秀的孩子在 18 岁之前接受了知识量最密集的基础教育，虽然还有这样那样的弊病，但其中有相当一部分学生在高等教育阶段后劲乏力。

我们的基础教育是不错的，欧美有时也反过来向我们学习的，上海小学的教辅《一课一练》已经被引入英国，但为什么从来没有哪个发达国家来学习我们的大学教学、引进我们的大学教材？

中国大学办学规模和年毕业人数已居世界首位，但在大学教育最重要的十字路口——第四次工业革命浪潮下，何去何从？

中国有的大学甚至一度停办，而在此前后，还有几次广受非议的动荡。大学后来也受到了市场大潮的冲击以及急剧的扩张、合并等等，大学今后将如何变化还不得而知，但要实现中华民族复兴大业，就必须攻克大学这一最后的堡垒。

2020 年 9 月，"清华大学全面建成为世界一流大学"的新闻登上微博热搜，网友议论纷纷，其背后裹挟着复杂的社会情绪，其中也包括众多质疑的声音。事后教育部对此做出回应，称"应该清醒认识到，中国高等教育整体实力与世界一流大学还有不小的差距"。

所以，中国最需要改革的是高等教育。

首先，自由，两字值千金。

生物学教授颜宁在 2017 年离开她中国的母校清华大学，前往她的美国母校普林斯顿大学任教，两年后被评为美国科学院外籍院士，接着科研成就更是一路高歌。

下面是某媒体对颜宁的部分采访摘录：

问：你认为你的职业最大的好处是什么？

颜宁：自由。我可以自由地安排工作、自由地选择项目、自由地选择合作者和工作团队。

问：是什么激发了你对科研的兴趣？

颜宁：我享受灵活的工作时间，喜欢自由的选择课题，更何况还有"全世界第一个发现"的巨大诱惑。

问：你职业生涯最有价值的成就是什么？

颜宁：提升了我的批判性思维，我最大的成就是迄今为止培养了一批才华横溢的年轻学者，不少人已经能够独挑大梁，开始自己的独立研究项目了。

"自由"是颜宁用得最多的词，国外大学最吸引她的可能也是这个。

颜宁的导师施一公院士辞去清华大学副校长之职，创办西湖大学，一所完全私立的中国顶尖大学，那里践行的是真正的教授负责制。

现在的中国大学课堂，前后高清摄像头，全程录音录像，大学教师大多不敢公开谈及个人思想，更不敢发表任何负面看法。

但是任何一件事都有两面性的。质疑是批判性思维的核心，如果大学教师都不敢质疑，那谁来培养学生的批判性思维？

自由，是一所大学的灵魂，任何科技创新都有赖于"自由之思想，独立之精神"，陈寅恪先生提出的这个学术精神与价值取向是所有大学应该倡导的。

其次，2020 年 6 月教育部推出《高等学校课程思政建设指导纲要》，全面推进高校课程思政建设，基础课、专业课、理论课、实践课中全部要求深入挖掘其中的思政教育元素，落实到教材的每一章、每一讲中。

第三，最受争议的就是中国大学的"严进宽出"，与美国大学的"宽进严出"形成鲜明对比。

这个话题网上文章太多了，学术论文也不少，这里就不再赘述，就简单谈谈其中的一个小问题，课后作业。

中国中小学广受诟病的刷题，实际上在美国大学很普遍。中国大学的课程基本上是一次连上 2 节或者 3 节，然后布置一次作业，也不是每次都布置作业。美国大学是一次上一节，每一节课后都会布置作业，一周上两次，就布置两次作业，一周上三次，就布置三次作业，作业量一下子就是中国大学的翻倍。

大学作业有两种，大作业和小作业。大作业比较多的就是那种要查阅很多文献，写一个报告，做一个 PPT，或者是比如计算机系的"操作系统"课中要求学生完成一个小型操作系统原型，可以一个人单独完成或者小组完成。如果操作系统你都写过，还有什么程序能难倒你？可惜的是，要完成这样够分量作业的中国大学不多，985 高校很多都不要求，而美国大学普遍要求完成这个硬作业。

小作业类似于"高等数学"后面的习题，跟中小学的课后练习一样。中国大学现在一个很大的问题就是作业量太少，所以大学生们有大量的时间来打游戏、刷抖音，发呆、迷茫、无聊，都是闲出来的。我儿子在美国读大学，上"数字电路"课程时，每章后面有30—40道题目，教授要求他们做其中的一半以上，作业每周都要交。

上海交通大学的已故院士，徐光宪教授，物理化学家、无机化学家，中国稀土分离工艺的奠基人。在上海交通大学110周年校庆时，送给交大一件珍贵礼物：将他做过的Noyes and Sherril的《Chemical Principles》书上的全部498道习题作业的复印件送给了交大，希望以此鼓励交大同学多做习题。"我在交大当助教时曾系统地做过Noyes and Sherril的《Chemical Principles》(《化学原理》) 全部498道习题，这个过程使我学通了物理化学。""我在交大做这么多习题是受益的，我自己体会，这498道习题全做了，我物理化学就读通了，过关了。通过这些习题，引导学生自己去发现定律的技巧和严密的逻辑思维对他的影响很大，使他终身受益。Noyes这本书共500多页，其中习题就占250页。习题不是放在每一章的后面，而是穿插在主要内容之中。往往讲一小段后，就是一个习题。让学生自己去发现并推导出一个定律。这种特殊的训练大大加强了我的自学能力。现在大学里的物理化学大约只做250—300道题，几乎没有人再做Noyes的习题。我做完这498道习题得到了回报。我在1948年申请进入哥伦比亚大学研究生院，哥大让我在暑假班选修两门研究生课试读。我选了一门化学热力学，一门偏微分方程。因为我做过 Noyes 的习题，化学热力学的两次考试得了 99 分、100 分。授课教授不但允许我入学，而且强烈推荐，使我获得了校聘助教奖学金，解决了我学习的经费问题。1951 年回国后在北京大学顺利讲授《物理化学》课程也得益于此。"

第四，中国大学之间差距非常大，分化严重。

美国的大学不仅仅常青藤联盟是名校，前 50 都是国际牛校，前 100 都可以称为好大学。甚至一个名不见经传的、走过路过都没注意过的小学院藏着某个学术大牛，或者某个学科领先全球。

所以，哈佛大学、斯坦福大学不会像我们的清华、北大那样全国掐尖。我儿子的一个大学同学本来可以去普林斯顿大学的，因为奖学金和离家近就选择了排名 60 左右的大学，这在国内家长和高中生看来相当不可思议。美国白人并不像华人一样热衷于名校，好像《哈佛女孩刘亦婷》一样光宗耀祖，他们更心仪与自己个性相匹配的学校。

美国的好大学实在太多，这是美国称霸全球的基石之一，是美国的软实力，所以美国的高中生不需要像我们那么拼命刷题。这是美国学生的幸运，我们的学生之所以读书这么辛苦，就是我们的名大学太少了，不是没大学可上，而是名校太少。

中国高校之间的分化、教育资源在地域之间分配不均衡等现象还是比较明显的，这直接影响了我们高等教育的整体水平。

从生源来讲，由于我国高考基本只有一条分数线，按分数排名进入不同的大学，鲜有普通大学招到顶尖学生的情况。

从舆论导向来看，社会对清华、北大等名校的追捧，地方政府、当地企业、当地学校对考取清华、北大学生的重金奖励，不仅仅刺激了中国家长的名校情结，也加大了名校生源的进一步聚拢。

从师资来看，名校师资更强，普通大学好不容易培养出的院士、长江学者、杰青，一经评上，不久就被名校挖走了，甚至连团队"一锅端"。东部高校组团到欠发达地区的大学挖人，教育部曾经因此专门发文"禁止东部高校赴中西部高校挖人才"。

从科研经费看，更是名校强，不仅仅中央政府对名校的投入大，东部沿海发达的地方经济对本地高校的支持力度也更大，清华一所大学的科研经费往往超过一个普通县的财政收入，985高校的经费超过全国高校的一半以上。

希望我们越来越多的大学也能成为全球一流大学，不辜负寒窗苦读十二载的莘莘学子。

2017 年中国高校科研经费排行榜

排名	大学名称	科研经费（亿元）	所在地	院校
1	清华大学	50.81	北京	理工
2	浙江大学	42.01	浙江	综合
3	上海交通大学	35.16	上海	综合
4	北京大学	29.43	北京	综合

排名	大学名称	科研经费（亿元）	所在地	院校
5	北京航空航天大学	27.85	北京	理工
6	同济大学	27.53	上海	理工
7	复旦大学	26.88	上海	综合
8	哈尔滨工业大学	26.34	黑龙江	理工
9	天津大学	26.11	天津	理工
10	华中科技大学	24.95	湖北	理工
11	北京理工大学	24.12	北京	理工
12	中国科学技术大学	23.07	安徽	理工
13	四川大学	22.41	四川	综合
14	中山大学	19.88	广东	综合
15	东南大学	18.59	江苏	理工
16	西北工业大学	18.02	陕西	理工
17	西安交通大学	15.96	陕西	综合
18	吉林大学	15.62	吉林	综合
19	南京大学	15.08	江苏	综合
20	武汉大学	14.97	湖北	综合

第五，目前的大学学费，过于便宜。

大学越是著名，学费还越便宜。比如清华大学、北京大学、复旦大学等普通专业一年学费也就 5000 元左右，已经 20 多年没涨了。住宿费一年 1200 元左右，也是 20 多年没涨了。20 多年来，GDP 翻了几番，工资也翻了几番，苹果和食堂里那块大排也翻了几番，学校旁边的房子至少涨了 10 倍。20 多年来，唯一没变的就是大学学费、大学住宿费，每多一个学生上大学，国家都要多一笔拨款补贴在学生的大学学习上。

网上有篇热文"上大学之后，你每月可以占国家 1 万的便宜"。"中国对大学的补贴和扶持，力度大得让人难以想象。国家对一个清华学生投入的经费补贴，达到了每年 42.5 万元之巨。而合肥工业大学拿到的经费补贴，也达到了每名学生每年 5.3 万元。但这些学校收的学费，都只有 5000 元 / 年。当然，国家投入到学校的经费补贴，不完全是用于学生的，经费 ≠ 投入学生经费，有一部分是给教授们做科研用的。但一半的经费用于学生，这个比例还是有的。这就意味着考上 985 大学，国家会给你天文数字般的补贴。你考上 211 大学，国家会给你很高的补贴。你考上一本和二本，拿的补贴也不少。平均下来，每个月国家都会在你身上补贴 5000—10000 元。哪怕你考上高职、高专，国家也会给补贴，生均投入在 1.2 万元 / 年以上。但对于大学生来说，如果一年只补贴 1 万多元的话，那远远不够覆盖教育成本。所以很多民办的三本，自负盈亏，但国家允许其自定学费。迫于生存的压力，对学生的收费提高到了一万多元，甚至三五万元 / 年。中国的大学就是这样，越一般的大学，学费越贵，同样违背了市场规则。这里面的原因，还是因为国家投入补贴的不同。如果国家完全取消对大学的补贴，那中国的大学学费，将会昂贵到一个让普通人目瞪口呆的地步。中国没有顶级的私立大学来体现教育领域的市场规则。让我们看一看美国私立大学的学费，高到一个什么样的程度。美国普通私立大学的学费，平均为 35676 美元 / 年，而具体到常青藤名校，文科在 4—5 万美元之间，理工科在 5—6 万美元之间。"

中国的大学几乎都是公立大学，都是享受财政拨款的，包括教师工资和按学生人头数的教学费用。大学的科研经费的增加每年都在突飞猛进，大多是每年两位数地增长，区区学费不足挂齿。这就是为什么越是名校，越不在乎学费。

另一方面，一旦有哪所大学提出要涨学费，社会上就是一边倒的反对，理由就是贫困地区的孩子更读不起大学了，一家一年的收入都不够学费，"寒门更难出贵子"等。

6000元一年的学费，一个学期就是3000元，如果一个学生一个学期修12个学分（已经是最少的了），一个学分16节课，一个学期是192节课，那一节课就是15.6元，从经济成本上讲，逃一节课的损失是15.6元。有些学生上课也就随随便便，反正这节课只值15.6元，一顿饭钱，还是学校食堂的饭钱。

留学生，以美国为例，大部分是1000美元一个学分，一个学分差不多也是16节课，如果逃课一次，损失的就是62.5美元，折合成人民币为406元（按1美元兑人民币6.5元算）。要是这门课不及格，重修，又得再交3000美元（假如这门课是3个学分的话），将近2万元人民币。

留学生为什么普遍学习比较认真，学得比较扎实，除了国外大学的教学理念也许确实先进、教师更敬业负责，这跟他们一贯强调的过程管理有关，"宽进严出"，昂贵的学费也起了一定的约束作用。大部分的留学生实际上来自国内普通的工薪阶层，这笔学费都是全家长期节衣缩食存下来的，也许就是全家仅有的存款，也许是卖了套房子才筹得的，你能随随便便以400元的代价逃一节课、抄一次作业吗？

对于培养硕士研究生，美国、英国的大学都是作为一个挣钱项目来操作的，即使本国人也很少免学费的，所以本国人很少读，因为性价比不高。在我们国内，由于就业要求水涨船高，研究生文凭几乎成了标配，一些学生进大学后的目标就是直奔考研而去的。

在我国，研究生是免学费的，每年交上去的学费会作为生活补助发下来，住宿也大多是 1200 元一年，跟本科一样。一个在大多数国家都可以挣钱的高等教育项目，每年近百万的研究生，我们国家却给予了巨额的财政补贴。

国家财政愿意吃亏让大家来占这个"便宜"，我们就不要再让国家伤心了。

"为中华之崛起而读书"，在高等教育阶段更当如此。

第六，对大学教师的严苛考核，却缺乏相应的待遇。

来到大学，你马上发现不是天天有课，不去上课、不做作业也没人管。学生是这样，好像老师也是这样。大学教师最典型的特征就是：不坐班，不打卡，全球所有的大学都这样。

但你不知道的是，大学教师是这个世界上最自律的职业，大学教师都是自律的典范。越是名校，教师越自律。

不要说名校，即使是职校，甚至体育老师，现在很多大学的首要条件必须是博士毕业，博士毕业后能去大学任教的都是优中选优，站在讲台上授课的教师都是经过严格选拔的，很多都来自世界名校，哈佛、MIT、斯坦福、剑桥、牛津的博士比比皆是。大学教师大多博学多才、专业精进。他们站在各专业的最前沿，大部分诺贝尔奖获得者来自于大学。

大学对教师的考核要比中小学严格得多。虽然不像中小学教师一样，业绩与学生的成绩挂钩，但教学、科研、论文三大指标也像三座大山一样压在大学教师身上，这些指标都是要量化的，戏称"记工分"。年底考核、聘期考核，会对照这个体系，计算你挣了多少"工分"，完不成要么降级（比如教授降为副教授、副教授降为讲师），要么离职。申请项目时没成功的老师是大多数，而没申请成功的就不计入工作量；授课只计入教师的上课课时量，背后的备课压根没人关心；为了快出成果、多出成果，不仅考核团队，也考核个人，避免吃大锅饭；三年聘期才考核，太慢了，有些大学就出了一年一考核的高招，让他们每年都不敢放松。

为什么有学生抱怨教授上课质量？考核指标也许是原因之一。一篇 SCI 论文算 40 万元，一个学分算 5 万元，大学大部分的课程是 2—3 个学分，也就是说一篇论文抵 3—4 门课。一个自然基金项目学校还有另外经费奖励，横向项目有 1 万算 1 万，在理工科领域，30—50 万元的项目很普遍，一个项目也抵 3—4 门课。

可以负责任地讲，全国大学教师的平均年薪可能也就勉强在当地平均水平之上，要知道他们大多在 30 岁才开始工作。

这是无奈，也是悲哀。

大学并不是大家想象中的象牙塔。中国大学对教师的严苛、对成果的急功近利导致这块土壤有时不适合做基础研究，哪所大学能容忍一个大学教授5年、10年不出成果？日本就能做到这样，而且长期坚持这样，所以这18年来，他们才能每年出一个诺贝尔奖获奖者。

养育一棵树要有合适的土壤，沙漠里长成的最多是荆棘，盐碱地里长出的多是苜蓿，一颗种子如果落在水泥地里，无论怎么浇灌、施肥，都是不会生根发芽的，只有亚马孙雨林里那样土质肥沃、生态平衡、物竞天择，才有可能长成参天大树。

我们的大学不缺钱，教学楼、办公楼、体育馆的建设绝对赶超英美，缺的就是对大学教授们的宽容。大学教师其实是没有"下班"这个概念的，连女教师休产假落下的工作量同样要补回来！这才不断有青壮年教师的过劳死、囊中羞涩兼晋升无望的绝望。

一个能完成三大指标的大学教师的工作绝不是朝九晚五就可以解决的，而是靠严格自律来完善自己，已经完全不需要打卡考勤来监督。为了能出顶尖成果，就必须走在技术的最前沿。技术的进步不会停止，也就没什么休息之说。看似光鲜亮丽的光环背后，是日复一日的艰辛付出和生命透支！

第七，对大学排名的功利性追逐。

武书连每年发布的《中国大学评价》在高中生及其家长中影响很大，所以高校也很重视，可塑之才首先要有好的生源。

世界上还有很多专门的机构做的各种各样的大学排行榜，比如英国泰晤士高等教育世界大学排名、英国QS世界大学排名、美国 U.S. News 世界大学排名等等，除了哈佛、斯坦福这种顶级大学不关心外，大部分的二流、三流大学也是很在意这些排行榜的，毕竟这些都会影响自己的招生。

中国大学领导对教师制定了严苛的量化考核指标，相应地大学也有隐性的考核指标，比如大学排行榜。正因为中国的大学目前都称不上世界一流大学，越是想争一流，就越在乎名次。

客观指标使考核更加简单和易于操作，政府喜欢 GDP，大学喜欢 SCI，学生喜欢分数。但是，科学成就不是简单的行政认可，而是要获得全世界的一致认可。假如有一天，全球科学家都认为，中国是世界的科学中心，是源源不断的科学原创思想的诞生地，那么中国科学就在全球的科学生态中真正占据了令人景仰的优势地位，无论你有没有获得诺贝尔奖，无论你有没有国际生。就像电影《夺冠》中所说："我们之所以那么在乎每场比赛的输赢，是因为内心还不够强大。"一样的，我们之所以那么在乎大学排名，是因为我们的大学与世界一流大学在某种程度上还有些差距。

第八，科研上缺乏定力。

每到毕业季，大学都会向学生宣讲，希望学生响应祖国号召，到祖国最需要的地方去。

同样，大学领导也向教师宣讲："高校科研应始终聚焦前沿领域，围绕国家战略、重大工程开展工作。"

我们的科研是要为国家服务、为民生服务，但这个重大工程一直在变的。芯片受制于人了，就聚集集成电路；人工智能是未来智慧，就转向 AI 算法；物联网的眼睛——各种各样的传感器，更是成千上万地受制于欧美发达国家，然后就转向传感器？

这些大工程意味着科研大项目，往往吸引各大高校角逐，现在更是组团角逐。中国科研经费的分配存在严重的不合理，当前的资助机制更偏向于应用研究，大笔科研经费流向了更为立竿见影的国家大工程。然而事实上，基础研究更加重要，从根本上说许多重要的应用研究都源自基础研究的发现。目前，基础研究经费仅占中国全部研发投入的 5%，这一比例远低于美国的 18%，英国的 16% 以及日本的 12%。

所有受制于人的问题掰开了、揉碎了都是基础学科的问题，EUV 光刻机光源就是物理问题，华为的 5G 是数学问题，高精度机床是材料问题。所以，西湖大学校长施一公院士推崇基础研究，他曾说，"基础研究是科学之本，没有好的基础研究，一定不会有杰出的技术创新。"

华为在与中国科学技术大学的合作时，任正非说："对基础研究我们不要求都成功。前段时间我讲过，对科学研究，要大胆地失败，成功太快是保守，要轻装上阵才能激发想象力。失败了就涨工资，成功了就涨级。"

中美贸易战以及各种被受制于人的技术让我们意识到基础科学的重要性，国家在"十四五"规划中也提出了很多如何提升基础前沿科学的想法。过去长期重视技术应用而忽视基础研究的思维模式，也正被不断反思。国家自然科学基金委加大了对基础研究的投入，允许失败，鼓励自由探索。2019年重点大学推出的"强基计划"，就是从国家宏观战略出发，对基础学科人才的培养和储备做的重大招生计划。

当然，我们也要看到中国大学进步的一面。师资来自全球一流名校，越来越多的哈佛、斯坦福、MIT、剑桥、牛津的博士生回流到国内大学，带来了先进的教学理念，搞起了一流的科研。如果是国内自己培养的"土"博士，只要你发的论文够牛，水平够高，与海归博士一样待遇，"土"博士不再受气了。升职称已经不是论资排辈靠年限，凭实力、拼能力，能上也能下。大牛教授也要求去一线上本科生课，校长也不能例外。

本科招生中的"强基计划"、国家自然基金提出的允许失败的理念、新成立的交叉学科申请渠道等等，都是国家对基础理论、对原创的支持。

中国著名大学实施的长聘教轨制，大幅提高了教师的收入，基本是原来考核体制中薪酬的翻倍。

大学，不同于企业，像华为总裁任正非所说的，更应该着眼未来，"看"未来二三十年的发展需要，要努力让国家的明天更美好。

未来中国的绿卡你高攀不起

中国有个民族企业家叫曹德旺，是中国的玻璃大王，把汽车玻璃做到世界第一的中国人。中国 70% 的汽车、全球 25% 的汽车，用的都是曹德旺公司的玻璃。

但是，他让全家退掉了美国绿卡。

曹德旺的三个孩子都已经拿了美国绿卡，但曹德旺对三个子女说："我们是不能移民的，如果我们曹家移民，中国人就没有玻璃了。"

他这些年捐过的钱已近 120 亿元，2021 年又准备出资 100 亿元建大学，名副其实的中国首善。

确实，我们不能道德绑架有钱人，每个人怎么花自己的钱，都是理所当然，他们有权选择在哪里生活、让自己的孩子在哪里出生、哪里成长。我们努力工作，努力挣钱，不就是让我们自己和子女过上更美好的生活吗？

我们不能要求个个有钱人都是曹德旺，甚至不能强求个个有钱人爱国。就像邓稼先和杨振宁，一个回国献身于"两弹一星"，一个留在美国拿诺贝尔奖，都没错。

每个人都有权最大化自己的利益，只要不侵害其他人就行。

那些赴美生娃的富翁只能说明：他们认为，至少对他们的孩子来说更美好的生活在美国，而不是中国。

这些富豪都是人精，不乏一些明星、富豪和贪官，让他们的子女或者他们自己加入了外国国籍，把资产大规模转移到海外，然后回过头来钻我们政策的漏洞。吃尽两边红利，最大化了两边的利益，有好事就回来，不利的时候就出去。还看似程序合法，这种明目张胆的不公平，不仅会危及国家的金融安全，实际上也严重侵害了全体普通国民的利益。

我们不能指责那些富豪的移民选择，但他们确实起了一个很坏的榜样，毕竟他们中的很多人是公众人物，著名的企业家、明星、高管，他们的行为在社会上有很大的影响力，老百姓会拿着放大镜注视他们的一言一行。

由此引导了更多的普通老百姓跟风，挖空心思去美国生娃、砸锅卖铁去美国读书，英文启蒙比中文还早，这些都无不折射着我们国人对自己国家的不自信。

看看他们对中国的批评：国力要和美国比，福利要和北欧比，环境要和加拿大比，机械要和德国比，华为、中兴要和苹果、三星比，长城、奇瑞要和通用、丰田比，比亚迪要和特斯拉比，中芯国际要和台积电比，C919要和波音比……

一个国家要对垒整个世界的全部高端！但是请别忘了有哪个国家才白手起家70多年，靠自己的努力达到中国目前的高度的？至今没有一个诺贝尔经济学奖获得者能够解读中国的经济。

想想 20 年前我们加入 WTO 时，中国 GDP 只有美国的10%。

海湾战争结束后，美国对中国的军事推演结论是，在完全不出动地面作战部队的情况下，美军在一天之内就能彻底摧毁长江三角洲、珠江三角洲、京津冀这三大经济与工业中心，根本称不上对手。

在国外，成千上万的清北复交（清华、北大、复旦、上海交大）的毕业生在美国做着基层码农，一份稳定的工作即是人生目标。绝大多数人只是为美国的老板打工，但他们其实比他们的上司、老板甚至老板的老板更聪明。

李开复，曾经的微软全球副总裁，在 2000 年左右的中国，几乎就是 IT 学生的精神领袖，这是在美国绝对享受不到的荣誉，也是金钱买不到的辉煌，是中国成就了他的人生巅峰。

刘慈欣的《超新星纪元》，里面有一段这样的描写：力量与我们同在，而我们的力量来自脚下的故土。

比尔·盖茨 2018 年推荐的当年阅读书单中万斯写的《悲惨的乡下人》和 2019 年奥斯卡获奖纪录片《美国工厂》分别以不同的方式描写了美国传统制造业的衰退造成的"铁锈地带"：无数蓝领失业，工厂关闭，当地工作岗位被裁减，许多人失去房子车子，无力养家糊口，还有人甚至被迫住进姐姐家的地下室，连一张床都不是自己的。

法国街头愈演愈烈的罢工游行。一位出租车司机罢工游行的理由是："我们全家已经六个月没有出去度假了。"而公务员罢工的理由是因为稍微削减了一下他们的退休福利。

英国生育的高福利补贴政策导致只要多生娃就可以用政府福利住上大房子、吃上食品券，而不用起早摸黑地上班。

北欧的高福利高税收就更不用说了，多做多交税，创业几乎就是养工人，在为工人打工。现在的全球富豪榜、高科技企业，还看得到北欧的影子吗？

一叶落而知秋。

发达国家强大的工会力量，以保障工人权益的模式导致的高福利低产出，未尝不是他们"铁锈"的成因之一。

再来看看中国。

在欧美国家里，很少有人像我们这么勤奋工作：我们的人均年工时是德国的 1.82 倍，英国的 1.56 倍，美国的 1.43 倍，日本的 1.26 倍，连有过劳死现象的韩国，也只不过是我们的 85.5%。

3000 万环卫工人，在每天凌晨 4:15 的时候，准时出现在全国数百个城市街头。

360 万美团商家、270 万外卖小哥一起送出 63.9 亿份外卖。

"饿了么"骑手一年要跑 63221 千米，相当于绕行赤道 1.5 圈。

300 万快递员骑着电驴，送出 500 亿件快递。

平均每个快递员每月送货距离接近 2000 千米，相当于从北京骑行到广州。

上亿民工，一年只能回家一次，看看山区老家 8 岁的大孩子和 6 岁的小孩子。

在欧美国家里，没有人像我们这么努力读书：几亿中国学生 12 年的刷题，牺牲了多少的寒暑假、节假日。1000 万高三学生、1 米高的卷子、1000 支笔，提枪上马奔赴高考，不负一场修行。中国每一个寒窗苦读的学子，身上似乎都憋着一股劲儿，那是一种知道知识可以改变命运，知道能够通过双手和大脑超越自己曾经的阶层，走上更高的台阶的力量。

看看衡水中学。

从世界范围看，都找不到这样的一所牛校，考进本国顶尖大学的人数能达到三位数。

这所学校的牛，不仅仅是对学生实施的类似于军事化的管理，因为在中国实施这样管理的中学有很多，但高考并没有出这样的成绩。

这所学校真正的牛在于其师资，在于这些教师出的海量题库。

这些师资其实主要来源于河北师范大学，一所 211 都不算的大学，可以这样说，衡水中学的老师大多不是毕业于名校。

北京的人大附中、清华附中、北京四中的师资，不少都是清北的博士，衡水教师跟他们显然不在一个级别。

再看毛坦厂中学。

如果说衡水中学是虹吸了河北全省的尖子生，安徽的毛坦厂中学则是完全相反，基本都是复读生，以往高考的落榜生，但就是实施了跟衡水中学差不多的军事化管理，精确到分的学习安排，全年无休的复习练习，才实现了命运的逆袭。

中国的高考制度早就锻炼了全民的吃苦耐劳精神。

中国速度，中国奇迹，那是中国人民用血和汗换来的，甚至不乏许多因过劳而早逝的生命。全世界，从未有这么庞大的一群人，对未来充满着乐观美好的想象，如此勤奋，如此吃苦，如此拼搏。谁不曾受过生活的优待，谁又不曾经受过生活的刁难，谁又不曾念过那本难念的经。

我们的民族复兴比任何一个国家，任何一个时代都要难，没有捷径可走，没有弯道超车，没有鲜花簇拥，只有埋头苦干，只有浴血奋战，砥砺前行！

能力是被逼出来的，是靠着不服输的骨气、玩命干的勇气拼下来的。新中国为什么有今天的成绩，是因为总有那么一群平凡人拼命地努力。

20世纪八九十年代的出国留学生，毫无疑问都是当时的顶尖人才。当时的全中国所有家庭很少能付得起美国学费的，大多需要拿到美国大学奖学金才能通过签证，也大多需要在美国打黑工（比如洗碗刷盘子）才能维持基本生活。那一个时代的人，那些人中的翘楚，在美国苦苦求学，读硕、读博，凭着高智商、高情商、勤学苦练，最后在美国找个饭碗，吃饱喝足，没啥问题。但，也就仅此而已。

很多在美国硅谷和高科技公司工作的华人或者华裔，他们的工作能力绝不输美国白人，只不过因为肤色而无法获得公平的升迁机会。他们中的绝大部分一辈子一直是公司的一个基层员工而已，不要说华尔街风云了，就是在完全以技术见长的硅谷，所有高科技公司，在管理层鲜见有这群人的身影。管理中层就是他们的天花板，很多人一辈子只是个技术组长，管理手下几个人。

最可惜的是，这群聪明极致、勤奋极致的人，完全错过了2000年后中国的强势崛起，错过了中国这一波举世瞩目的高速发展期。眼睁睁看着自己当年的同学、当年的校友在蓬勃发展、遍地开花，不仅财富在绝对值上超越了自己，社会地位也迅猛拔起，成为各个领域的专家、权威、领军人物，千万不要在此说什么自己只想过过云淡风轻、岁月静好的日子。

除了蓝天白云，他们还有什么？

与世无争？在美国的土地上，你怎么争？你跟谁争？你的肤色决定了你的政治地位还不如非裔。

2000—2010年，整整10年，中国的突飞猛进，GDP每年以两位数增长！不仅仅是那群留学生压根想不到，即使是留在国内的我们也是想不到。

何其幸哉！我们生在这个时代，身处伟大变革的祖国！

那个10年，中国人没想到，外国人也没想到。

但未来的10年，铁铁的事实，妥妥的数据，就摆在你眼前，如果你还视而不见，不仅是你，你的下一代将再次错失中国的复兴。

套用现在网上一句流行语："现在的我让你爱搭不理，未来的我你高攀不起。"

如果按目前中国 GDP 的增速计算，2030 年后中国将成为世界第一大国。

习近平总书记说："中国经济是一片大海，而不是一个小池塘；狂风骤雨可以掀翻小池塘，但不能掀翻大海；经历了无数次狂风骤雨，大海依旧在那儿！"

中国国防科技大学，中国高科技的脊梁，中国国防的中坚力量。超级计算机，国防科大是开发的绝对主力。论排名，绝对进不了全国前 10；无论生源，还是师资，都进不了全国前十。在全球肯定进不了前 100。但就是他们开发出了全球顶尖水平的超级计算机，也就是说，中国中上水平的学生和教师，就有能力做出全球顶尖的东西。

"北斗"系统，在外国全面封锁下的自主开发，以"八〇后"、"九〇后"为主力的团队，平均年龄才只有 31 岁，比国外相关团队年轻了十几岁，整整奋斗了 26 年，实现了核心元器件以及所有单机部件 100% 国产化！

这说明什么？

中国人很聪明的，智商很高的，这在国际上也是公认的。

现在的中国，已经是世界的工厂，世界经济的发动机，全球供应链上的重要一环，也是最重要的市场。要战胜中国，谈何容易；就算战胜了，也会产生严重的后果，严重到这个世界可能都承受不起。

向死而生！

全世界的聪明人大多都会跑去美国，很少有人选择来中国，所以，中国的发展只能靠我们自己，我们很清醒。所以，最新的高考改革，出台"强基计划"，发展基础学科，发展核心科技，鼓励优秀学生读基础学科。所以，改革科研考核标准，去掉唯SCI，强调实干，允许失败，"要把论文写在祖国大地上"。

现在的中国开始思考自己在世界的地位以及自己的未来，这是150多年来的第一次。中国无论是在经济、科技、文化还是教育上，都有了国际性的强大影响力。

中国人是在牺牲收入，牺牲幸福，牺牲健康，和世界拼刺刀。

我们不仅要把茅台、饺子输出到全世界去，就像美国输出可乐、汉堡一样，更要把中国的高科技输出到全世界去。

自下而上的民主制和自上而下的中央集权制，孰优孰劣，不能一概而论。但是哪个体制能让自家百姓过上好日子，就是一个好制度，任何抛开历史阶段和国情空谈体制都是耍无赖。

中国GDP总量全球第一，指日可待。人均GDP也许短期内很难快速迈进发达国家行列。因为我们有14亿人口，贫富有差别避免不了，但14亿中国人全部脱贫，全部吃饱穿暖，就是对这个地球最大的贡献。

德国《国会》周刊2019年8月12日刊登《美国梦在中国》一文，作者为德国著名中国问题专家弗兰克·泽林。现将文章摘编如下：

中国在短短几十年里从世界上最贫穷的国家之一崛起为世

界最大贸易强国和按购买力平价计算的全球第一大经济体，这在世界历史上是绝无仅有的。即便如此，这还不能完全概括这一转变的程度。它涉及更多：西方不再能独自决定游戏规则，尽管这在过去数百年中是理所当然的。17世纪至19世纪是欧洲人掌握领导权，20世纪则是美国人。然而，全球权力重心现在显然正持续向亚洲方向偏移，其中心是中国。"美国梦"正在变成"中国梦"。

自13世纪以来，没有一个亚洲国家或非西方国家曾拥有如此大的经济和地缘政治影响力。

中国无意令其他国家归附，但谋求一种持久而遍及世界的影响力。中国不再"仅仅"是世界工厂，它现在也是一个拥有深圳那样富有活力的新硅谷的创新中心。

西方和中国长期以来的权力均势正在消失。现在，拥有顶尖技术的不再仅仅是西方，控制着最大增长市场的是中国。对于再次错过工业革命的不安促使中国无论如何都要鼓励创新。他们出人意料地成功了——中国人不仅在电动汽车和高铁领域掌握了技术和增长市场，而且他们的全球政治影响力也大幅提高。

与此同时不能忘记一点：我们现在所看到的，在一定程度上仅仅是这个苏醒的巨人在舒展身体。借助迅速发展的数字化和人工智能，中国的崛起应该会大大加速。让中国参与决定世界秩序，这是中国在新中国成立70年之际思考的新维度。

一个接一个的亚洲邻国搭上了中国崛起的顺风车。中国也在非洲结交了许多新朋友。美国在亚洲和非洲的重要性日渐式微；欧洲人则在很大程度上远离了世界政治中心，并忙于自己的事务。现在，欧洲人要为数十年来完全低估中国的崛起能力而承担后果了。

如果我们在全球层面充分地思考参与决策的权利，也只能得出一个结论：我们再也不能在全球层面把自己当作例外，并把我们作为少数人的世界秩序观念强加给多数人。中国要求的完全是一个全球平等的世纪。

越来越多的亚洲、拉丁美洲和非洲新兴国家乐于支持中国的倡议。中国要求更多地参与全球事务决策。中国有贯彻自己观念的能力，而这些观念常常与其他新兴国家的观念一致。我们越早适应这一点，那么我们在新的世界秩序中提出自己观念的余地就越大。

但时过境迁，中国不再是往日的中国，世界也不是往日世界。虽然我们与美国还有很大的差距，但也绝对不是美国能够任意揉捏的。